AF522937

Ben Klarstein

Mit den bewährten Powermethoden aus der Persönlichkeitsentwicklung zur enormen Willenskraft, Motivation und Selbstbeherrschung (inkl. Übungen & Workbook)

INHALT

1. Was ist Selbstdisziplin?

1.1 SELBSTDISZIPLIN

Wenn Sie durch die Innenstadt gehen würden und andere Menschen fragen, was Selbstdisziplin für sie bedeutet, werden Sie wahrscheinlich sehr ähnliche Antworten bekommen: „Für mich heißt Selbstdisziplin, dass ich mein eigenes Handeln kontrollieren kann." „Ich würde mich als selbstdiszipliniert bezeichnen, wenn ich zum Beispiel dem Verlangen nach einem Stück Schokolade widerstehen kann." „Selbstdisziplin? Ich würde sagen, dass man dann sein eigenes Handeln kontrollieren kann und nicht triebgesteuert handelt."

Die meisten Antworten würden ähnlich ausfallen wie diese Beispiele und wenn ich Sie jetzt bitte, aufzuschreiben, was Selbstdisziplin für Sie bedeutet, würden Sie sicherlich eine fast identische Definition aufschreiben. Im Grunde sind alle diese Antworten auch nicht falsch, doch hinter Selbstdisziplin verbirgt sich noch viel mehr und erst, wenn Sie verstanden haben, wie viele Aspekte einen Einfluss auf die Selbstdisziplin haben, können Sie Ihre eigene Selbstdisziplin stärken.

Ein renommierter Therapeut, Dr. Windy Dryden, der in England im Bereich der kognitiven Verhaltenstherapie sehr bekannt ist, hat den Begriff Selbstdisziplin in seinen Forschungen tiefgehend untersucht und kam dabei zu dem Ergebnis, dass die Selbstdisziplin aus mehreren Anteilen besteht. Dr. Windy Dryden sah die Selbstdisziplin nicht als ein Einzelstück an, sondern unterteilte sie in fünf Bereiche, die das Fundament bilden.

Laut seiner Definition sind Sie selbstdiszipliniert, wenn Sie die wichtigen Dinge im Leben erkennen und auf die Erfüllung kurzfristiger Ziele verzichten, falls sie langfristigen Zielen im Weg stehen. Noch dazu findet er es wichtig, anzuerkennen, dass es immer einen Teil von Ihnen geben wird, der das kurzfristige Bedürfnis stillen will. Diesen Anteil müssen Sie akzeptieren, wobei Sie sich aber auch vergegenwärtigen müssen, dass Sie sich bewusst gegen dieses kurzfristige Ziel entschieden haben, um ein langfristiges Ziel zu erreichen.

Stellen Sie sich zum Beispiel vor, dass Sie sich das langfristige Ziel gesetzt haben, mehr Sport zu machen und sich gesünder zu ernähren. Dieses Ziel können Sie nicht von heute auf morgen erreichen und es wird Sie einige Mühen kosten, es zu verfolgen. Kurzfristige Ziele, zum Beispiel das Bedürfnis nach einer Tafel Schokolade, einem großen Glas Cola oder einem Burger, werden immer wieder versuchen, Sie von Ihrem Ziel abzubringen und es wird immer einen Teil in Ihnen geben, der sagt: „Du könntest jetzt gerade auch in einen saftigen Burger beißen, anstatt hier im Fitnessstudio zu trainieren. Du könntest auch auf dem Sofa sitzen, Netflix schauen und Schokolade futtern." Diesen Teil wird es bei jedem Vorsatz geben und Sie müssen lernen, ihn zu erkennen, zu akzeptieren und zu bekämpfen.

Die Verbesserung

Den ersten Anteil der fünf Säulen nach Dryden bildet die Verbesserung. Dabei spricht das Wort allein schon dafür, dass es eine Veränderung geben wird und Ihre zukünftige Lebensweise gesünder oder besser für Sie ist. Es geht um Ihr Wohlbefinden und darum, wie es Ihnen körperlich, psychisch und auch spirituell besser gehen könnte. Wenn Sie gerade noch das Gefühl haben, dass Sie nicht im Einklang mit sich selbst sind und Sie nicht glücklich damit sind, wie es Ihnen geht, dann haben Sie diese Stufe vermutlich noch nicht erreicht.

Womöglich legen Sie noch einen zu großen Fokus auf Ihre kurzfristigen Ziele und verlieren dabei das Gesamtbild aus den Augen. Um Ihre Gesundheit zu verbessern, müssen Sie genau diese Sichtweise ändern und in Zukunft sollten Sie Ihre Prioritäten auf die langfristigen Ziele ausrichten. Doch diese Veränderung kostet oft viel Energie, denn in der Regel werden schnell zwei Folgen deutlich: Anstatt den kurzfristigen Zielen zu folgen, müssen Sie sich nun mehr anstrengen, um den Bedürfnissen Widerstand zu leisten und das große Ziel nicht aus den Augen zu verlieren. Dafür bekommen Sie aber nicht gleich morgen oder übermorgen ein positives Feedback, oft kann es auch mehrere Wochen dauern, bis sich die ersten positiven Effekte zeigen.

Für das eben angeführte Beispiel würde das also bedeuten, dass Sie immer wieder aufs Neue dem Wunsch nach etwas Ungesundem, nach einem entspannten Tag auf der Couch oder Ähnlichem widerstehen müssen. Sie werden sich am Anfang vermutlich sehr erschöpft fühlen und sicherlich haben Sie auch das Gefühl, dass Sie immer auf etwas verzichten müssen und so gar nicht glücklicher werden können. Erst nach mehreren Wochen Durchhalten werden Sie merken, dass sich Ihr Körper verändert hat, Sie mehr Energie haben und psychisch und körperlich fitter sind.

Die Definition der Ziele:

Um eine Verbesserung erreichen zu können, müssen Sie sich erst bewusstwerden, was Sie im Moment daran hindert, glücklich zu sein, und welche kurzfristigen Ziele Ihnen womöglich im Weg stehen. Sie müssen sich überlegen, was Sie ändern können und wollen und welche langfristigen Ziele Sie erreichen wollen. Wenn Ihnen von außen gesagt wird, dass Sie etwas ändern müssen, Sie abnehmen sollen, Sie sich gesünder ernähren sollen usw., dann ist das vielleicht gut gemeint, doch es wird Ihnen nicht viel helfen, um das Ziel zu setzen und zu erreichen.

Sie haben erst eine Chance, wenn Sie sich selbst klar machen, was gesund oder gut für Sie ist. Vielleicht fühlen Sie sich mit fünf Kilo mehr viel wohler und haben ganz andere Ziele im Kopf als Ihre Freunde oder Verwandten. Bevor Sie also anfangen, in der Gegend umherzuirren und scheinbare Ziele zu erreichen, sollten Sie sich Zeit nehmen, um Ihre wirklichen Ziele zu entdecken. Haben Sie das einmal erkannt, kommt der anstrengendste Teil aber noch, denn nun müssen Sie sich den Weg zu Ihrem Ziel frei machen. Sie müssen überlegen, was Sie aktuell noch daran hindert, das Ziel zu erreichen und was Sie ändern können, um Ihren langfristigen Bedürfnissen näher zu kommen. Aber Achtung! Viel hilft nicht immer viel und oft geht der Schuss erst einmal ziemlich nach hinten los.

Wie würden Sie damit anfangen, weniger Müll zu produzieren, mehr auf die Umwelt zu achten und Ihre Ernährung auf gesund und Bio umzustellen? Würden Sie versuchen, alles auf einmal zu ändern und Ihr Ziel von heute auf morgen zu erreichen?
Genau das machen viele und da versteckt sich ein großer Fehler. Wenn Sie gleich versuchen, alles perfekt zu machen und alles zu ändern, dann wird Ihre Motivation in wenigen Tagen stark stagnieren, denn es bleibt nicht aus, dass Sie Ziele nicht

erreichen. Sie werden merken, wie schwer es ist, ans Ziel zu kommen und wie viel Sie dafür machen müssen. Das führt Sie dann in den meisten Fällen in eine Abwärtsspirale und nach kurzer Zeit werden Sie Ihr Ziel aufgeben.
Damit Ihnen das aber nicht passiert, sollten Sie sich das große Ziel in mehrere kleine Ziele einteilen und einen Schritt nach dem anderen gehen, um dem langfristigen Ziel immer näher zu kommen.

Diese kleinen Ziele sollten Sie laut Dr. Windy Dryden so genau wie möglich formulieren und sich am besten auf kleine Post-its schreiben, als Handywecker einstellen oder als Bild in Ihrer Wohnung aufhängen. Wenn Sie einmal festgelegt haben, keine Süßigkeiten mehr zu essen, dann folgen Sie dieser Regel meistens viel besser, wenn Sie sich zum Beispiel einen Zettel an den Schrank mit Süßigkeiten kleben. „Ich verzichte auf Süßigkeiten, weil ich gesünder leben will und mir mein körperliches Wohlbefinden wichtig ist!" So oder so ähnlich könnte der Satz lauten, den Sie sich auf den Klebezettel schreiben und jedes Mal, wenn Sie das Bedürfnis nach Schokolade oder Gummibärchen überwältigt, sehen Sie diesen Zettel und werden an Ihr Ziel erinnert.

Um nun aber wirklich zu der Verbesserung zu kommen, von der der Therapeut aus England spricht, müssen Sie anfangen, zu handeln und tatsächlich etwas verändern. Denken allein reicht leider nicht und Ihre Vorsätze können noch so gut sein. Wenn Sie nicht vom Sofa aufstehen und Ihr Leben verändern, wird sich auch in der Folge nichts ändern. Experten raten diesbezüglich auch oft dazu, ein kleines Tagebuch zu schreiben und zu notieren, was man jeden Tag erreicht hat oder was vielleicht schwergefallen ist. So erkennen Sie erste Erfolge schneller und bleiben länger dabei, für Ihr langfristiges Ziel zu kämpfen.

Selbst auf lange Sicht

Die nächste Säule der Selbstdisziplin bildet der Teil in Ihnen, der nicht nur an das Hier und Jetzt denkt, sondern sich auch mit langfristigen Folgen auseinandersetzt und einen Weitblick ermöglicht. Dieser Teil fokussiert sich auf langfristige Gesundheit und Wohlbefinden und sieht über die kleinen, kurzfristigen Ziele hinweg. Dank ihm ist es Ihnen möglich, zu erkennen, dass es ohne Arbeit auch kein Vergnügen gibt und es nun einmal etwas Kraft braucht, um Ihr Leben zu verändern.

Die ganzen vergangenen Jahre und Monate haben Sie zu dem gemacht, was Sie heute sind. Sie können nicht erwarten, dass Sie schon morgen ein neuer Mensch sind, wenn Sie heute mit der Veränderung anfangen. Dieser Anteil ist bei den Menschen unterschiedlich groß und je mehr Raum Sie ihm geben, desto besser kann er sich auch entfalten. Die größten Feinde dabei sind jedoch die Konkurrenz und das Vergleichen mit Mitmenschen. Oft verliert man seine Ziele aus den Augen, weil es bei anderen so viel leichter scheint und doch alles einfach nur unfair ist. Die Medien geben einem den Eindruck, dass es kein Problem ist, in nur kurzer Zeit viel abzunehmen, sein Leben zu verändern und viel gesünder und glücklicher zu sein. Sie zeigen uns ein komplett falsches Bild und durch diese Fälschung wird man schnell demotiviert.

Übung:
Sich von Vergleichen zu lösen, ist gar nicht so einfach und jeder von uns neigt dazu, sich mit anderen in eine Waagschale zu werfen. Egal, ob bei der Arbeit, im Privatleben oder noch in der Ausbildung, überall stehen Sie in direkter Konkurrenz zu Kollegen, Geschwistern oder auch fremden Menschen, und Ihr Gehirn zeigt Ihnen ständig, was Sie nicht haben.
Theoretisch können Sie sich in zwei Richtungen vergleichen, einerseits können Sie schauen, was Sie mehr haben als andere, andererseits können Sie aber auch schauen, was Ihnen noch fehlt. Und leider ist Ihr Gehirn in den meisten Fällen so darauf trainiert, zu sehen, was Ihnen fehlt und worin andere Menschen besser sind, dass es Ihre Stärken und Ihr „Vermögen“ vollkommen vergisst.
„Schau mal, die Frau vor dir wiegt deutlich weniger als du. So eine tolle Figur wirst du nie haben!“
„Und mal wieder hat dich jemand beim Joggen überholt, wie langsam willst du eigentlich noch laufen?“
„Also deine Kollegen haben heute aber alle deutlich mehr gearbeitet, so kann das nicht weitergehen.“
Mit solchen Sätzen sagen Sie sich selbst immer wieder, wie viel schlechter Sie als andere sind, und anstatt sich dadurch zu motivieren, schwächt Sie das oft nur zusätzlich und Ihr Ziel scheint sich immer weiter zu entfernen. Doch damit ist jetzt Schluss! Hören Sie mithilfe dieser Übung auf, sich immer zu vergleichen, und konzentrieren Sie sich auf Ihre eigenen Ziele und Erfolge!

Entkräften Sie die negativen Argumente: Wenn Sie sich mal wieder vergleichen, ist es wichtig, dass Sie das bemerken und sofort überlegen, was Ihnen das bringt. Hilft es Ihnen weiter, wenn Sie immer in Konkurrenz stehen? Beantworten

Sie diese Frage mit Nein, dann sollten Sie damit unbedingt aufhören. Für Sie ändert sich nichts, wenn die Frau vor Ihnen dünner ist oder Sie beim Joggen überholt werden. Jeder hat eine andere Geschichte und Sie wissen nicht, wie hart der Kampf für die Frau vielleicht war, um dieses Gewicht zu erreichen, oder wie lange der andere Sportler schon joggt. Schließen Sie nicht von sich auf andere, denn jeder erkennt seine Ziele zu einem anderen Zeitpunkt und das Wichtigste ist, dass Sie sich nicht mehr auf der Couch, sondern auf dem Weg befinden.

Um selbstdiszipliniert zu sein, ist es also wichtig, sich auf sich selbst und seine eigenen Ziele zu konzentrieren und nicht abgelenkt zu werden. Der weitsichtige Teil von Ihnen erinnert Sie immer wieder daran, wie viel besser es Ihnen in Zukunft gehen könnte, und diesem Anteil müssen Sie mehr Stimme geben. Er ist Ihr persönlicher Trainer, der Sie motiviert, immer weiterzukämpfen und stärker zu werden.

Stolpersteine für „Die Verbesserung“

Schon vorhin wurden die Stolpersteine kurz angesprochen und für Dr. Windy Dryden stellen sie auch einen ganz eigenen Stützpfeiler dar. Nur wer diese Stolpersteine erkennen kann, kann an ihnen wachsen und immer mehr Selbstdisziplin erlangen. Im Leben gibt es viele Dinge, die sich für Sie als Stolpersteine herausstellen können, und oft wird einem erst im Nachhinein bewusst, dass man mal wieder nicht genau auf den Weg geschaut hat.

Vielleicht kennen Sie es selbst, wenn eine Abgabe, ein wichtiger Vortrag oder Ähnliches unmittelbar vor der Tür steht und Sie plötzlich alles andere machen, außer an der Fertigstellung zu arbeiten. Sie fangen an, sich bei Freunden zu melden, mit denen Sie lange keinen Kontakt mehr hatten, oder Ihnen fällt ein, dass die Wohnung unbedingt mal wieder geputzt werden müsste. Egal was, Hauptsache es macht mehr Spaß als der eigentliche Auftrag. Jeder hat unterschiedliche Ausreden, und während einige total aktiv werden und unerledigte Aufgaben beginnen, die eine niedrigere Priorität haben, suchen viele Ablenkung in Serien, am Handy oder bei Freunden. Doch alle Ausreden haben eine Sache gemeinsam: Sie haben Ihr eigentliches Ziel nicht erreicht und sind den kleinen und kurzfristigen Zielen zum Opfer gefallen. Überlegen Sie sich doch einmal, wann es Ihnen so geht, dass Sie Ausreden suchen, um die bevorstehenden Aufgaben nicht machen zu müssen. Vielleicht erkennen Sie Gemeinsamkeiten und merken, dass es besonders oft in der

Arbeit auftritt oder wenn es darum geht, wichtige Aufgaben im Haushalt zu erledigen. Überlegen Sie sich, was die Folge von diesem Vermeidungsverhalten ist und ob es Sie langfristig wirklich an Ihr Ziel bringt. Auch wenn Sie es für heute, morgen und vielleicht sogar für die ganze Woche geschafft haben, das Aufräumen aufzuschieben, irgendwann wird das Chaos so groß sein, dass Sie aufräumen müssen und dann haben Sie noch viel mehr Arbeit. Hätten Sie von Anfang an immer wieder ein bisschen aufgeräumt, hätten Sie Zeit und Frust gespart und wären noch dazu selbstdiszipliniert gewesen. Machen Sie sich bewusst, was Sie daran hindert, Ihre langfristigen Ziele zu erreichen, und räumen Sie diese Stolpersteine aus dem Weg. Es ist nicht schlimm, wenn Sie einen oder zwei noch liegen lassen oder am Anfang noch Schwierigkeiten haben, doch je steiniger der Weg ist, desto anstrengender ist das Aufsteigen zum Ziel.

Selbst auf kurze Sicht

Nachdem Sie schon das Selbst auf lange Sicht kennengelernt haben, folgt hier noch das Selbst auf kurze Sicht. Diese beiden Anteile konkurrieren immer wieder miteinander und das zukunftsorientierte Selbst versucht, das Selbst auf kurze Sicht zu besiegen. Dieser Teil fokussiert sich nämlich vor allem auf die Befriedigung von kurzfristigen Bedürfnissen wie essen, trinken und vor allem Spaß haben. Dabei gehen die langfristigen Ziele oft verloren, und ganz begeistert von einer leckeren Schokolade oder einer spannenden Serie hat man doch glatt vergessen, dass man eigentlich noch Sport machen wollte.

Dabei geht es nicht darum, alle kurzfristigen Bedürfnisse zu ignorieren und nichts mehr zu machen, was Ihnen Spaß macht, sondern es geht um den richtigen Ausgleich. Wenn Sie nur noch langfristige Ziele im Auge haben, wird Ihnen dabei vermutlich schnell die Motivation vergehen und durch den ständigen Verzicht und das Warten auf die Verbesserung werden Sie nur noch mehr gefrustet. Andersherum bringt es Ihnen auf lange Sicht aber auch nichts, wenn Sie nur die kurzfristigen Ziele beachten und in den Tag hineinleben. Das Einbauen von kurzfristigen Bedürfnissen kann in der richtigen Menge also dabei helfen, das langfristige Ziel zu erreichen und die Motivation nicht zu verlieren.

Als Kind wurden Sie noch viel mehr vom Selbst auf kurze Sicht bestimmt und es ist Ihnen schwerer gefallen, das große Ganze im Blick zu haben. Je älter Sie geworden sind, desto mehr haben Sie allerdings gemerkt, wie sich diese kurzfristige Sicht auf Ihr Leben auswirkt und dass es auch langfristige Ziele gibt. Damit haben

Sie schon einmal eine gute Basis, um in Zukunft einen besseren Ausgleich zu finden, und je mehr Erfahrungen Sie sammeln, desto besser können Sie das Selbst auf kurze Sicht kontrollieren. Hier helfen übrigens auch schlechte Erfahrungen und oft werden Sie durch diese in Zukunft davor geschützt, denselben Fehler wieder zu begehen. Wenn Sie einem kurzfristigen Bedürfnis verfallen sind und sich dadurch weiter vom langfristigen Ziel entfernt haben, dann ist das erst einmal sehr frustrierend, doch daraus können Sie für die Zukunft lernen und immer stärker werden. Liegt dann mal wieder ein Stück Schokolade vor Ihnen oder lockt das Sofa mit der Lieblingsserie, können Sie sich in Erinnerung rufen, wie es das letzte Mal war, als Sie diesem kurzfristigen Bedürfnis verfallen sind. Merken Sie sich, dass Sie, egal, was Sie machen, immer für die Zukunft lernen und ein Schritt zurück auch bedeuten kann, dass Sie Anlauf nehmen, um die nächste Hürde zu überwinden.

Ausführendes Selbst

Der fünfte und somit auch letzte Teil, der die Selbstdisziplin bestimmt, ist das ausführende Selbst. Es ist sozusagen der Vermittler zwischen dem lang- und dem kurzfristigen Selbst und ist damit für die richtige Balance zwischen beiden Anteilen zuständig. Das ausführende Selbst sorgt dafür, dass Sie nicht nur verzichten und kämpfen müssen, um Ihre langfristigen Ziele zu erreichen, sondern dass Sie immer wieder durch das Befriedigen von kurzfristigen Bedürfnissen neue Energie bekommen.

Stellen Sie sich die Situation so vor, dass Sie vor der Wahl stehen, noch ins Fitnessstudio zu gehen oder den ganzen Abend auf dem Sofa Serien zu schauen. Das langfristige Selbst würde den Serienabend für unmöglich halten und wäre sofort ins Fitnessstudio aufgebrochen, während das kurzfristige Selbst einfach einen entspannten Abend machen würde und gar nicht erst an sportliche Aktivitäten denkt.

Beides sind nicht optimale Lösungen und aus diesem Grund braucht es einen Vermittler, der Ihnen erlaubt, auch einmal entspannt auf dem Sofa zu sitzen, wenn Sie zum Beispiel statt im Fitnessstudio einfach zu Hause ein paar Workouts machen. Dieser Ausgleich macht den entscheidenden Unterschied für eine langfristige Selbstdisziplin und es ist überraschend, dass man selbst am motiviertesten an langfristigen Zielen arbeitet, wenn man weiß, dass man danach ein kurzfristiges Ziel erreichen kann. Wenn Sie zum Beispiel mit sich selbst den Kompromiss schließen, dass Sie erst zu der Party am Wochenende gehen, wenn Sie Ihren Aufsatz fertig haben, dann erreichen Sie über genau diese Wechselwirkung direkt ein langfristiges und ein kurzfristiges Ziel.

Merke:
Die fünf Säulen der Selbstdisziplin sind also die Basis für den späteren Erfolg und erst, wenn Sie diese nach und nach aufgebaut haben, können Sie eine stabile Selbstdisziplin erlangen. Überlegen Sie sich dafür, was Ihnen langfristig guttut. Machen Sie sich vielleicht auch eine Liste und notieren Sie, wo Sie sich in einem halben Jahr, in einem Jahr oder in fünf Jahren sehen. Dabei geht es nicht nur darum, Ziele möglichst detailliert aufzuschreiben, sondern auch darum, dass Sie sich bewusstwerden, wie Sie Ihr Leben gestalten wollen. Im weiteren Verlauf des Buches finden Sie dazu auch noch ein eigenes Kapitel und Sie werden genau lernen, wie Sie Ihre Ziele formulieren und erkennen können.

Wenn Sie Ihre Ziele entdeckt haben, ist es nun wichtig, dass Sie auch nach ihnen handeln und versuchen, die langfristigen Bedürfnisse bestmöglich zu erfüllen. Erinnern Sie sich daran, dass Ihnen kurzfristige Ziele gerne ein Bein stellen und es problematisch werden kann, wenn Sie ihnen zu sehr verfallen. Vergessen Sie aber auch nicht, dass solche Ziele gut sein können, um die Motivation voranzutreiben, und dass Sie die kurzfristigen Bedürfnisse auch optimal einsetzen können. Vergnügen Sie sich am besten, nachdem Sie ein langfristiges Ziel erreicht haben, und zeigen Sie sich selbst damit, dass es nicht immer nur um Anstrengung und Verzicht geht, sondern dass es auch immer wieder schöne, erholsame Momente gibt. Genießen Sie diese ganz ohne Reue und ruhen Sie sich kurz darauf aus, dass Sie soeben auch ein langfristiges Ziel erreicht haben.

1.2 SELBSTMANAGEMENT

Ähnlich wie bei der Selbstdisziplin kommen auch beim Selbstmanagement mehrere Punkte zusammen, und obwohl es sich am Anfang so einfach anhört, ist es leider doch etwas komplizierter. Allgemein bedeutet Selbstmanagement, dass Sie die Kompetenz besitzen, Ihr privates und berufliches Leben selbstständig zu gestalten, ohne dabei von äußeren Einflüssen abhängig zu sein. Dazu gehören viele kleinere Teilkompetenzen. Es ist zum Beispiel wichtig, dass Sie selbstständig motiviert sind, sich Ziele setzen, ein gutes Zeitmanagement haben und durch Feedback lernfähig sind. Das Grundmodell des Selbstmanagements entwickelte der amerikanische Mathematiker und Philosoph Norbert Wiener. Die sogenannte Kybernetik beschreibt in diesem Zusammenhang die Steuerung von Maschinen und deren Analogie zur Handlungsweise von Lebewesen und sozialen Organisationen. Es ist sozusagen die Kunst des Steuerns, und deren Bedeutung können Sie ganz einfach anhand eines Thermostats verstehen. Ein Thermostat dient dazu, den aktuellen Istwert zu messen und zu prüfen, wie groß der Unterschied zur Soll-Temperatur ist. Wenn der Unterschied zu groß ist, gibt das Thermostat ein Signal weiter und die Heizung wird aktiviert oder zurückgeschaltet, um wieder den Sollwert zu erreichen. Das Thermostat regelt also selbstständig die Temperatur in einem Raum, und genau dieses kybernetische System erklärt auch den Mechanismus des Selbstmanagements. Dabei wird die Kybernetik in Bezug auf den lebenden Organismus etwas weitergedacht, und Selbstmanagement wird zu einem Zusammenspiel aus Psychologie, Management und der persönlichen Führung, um die eigene Motivation zu erhöhen.

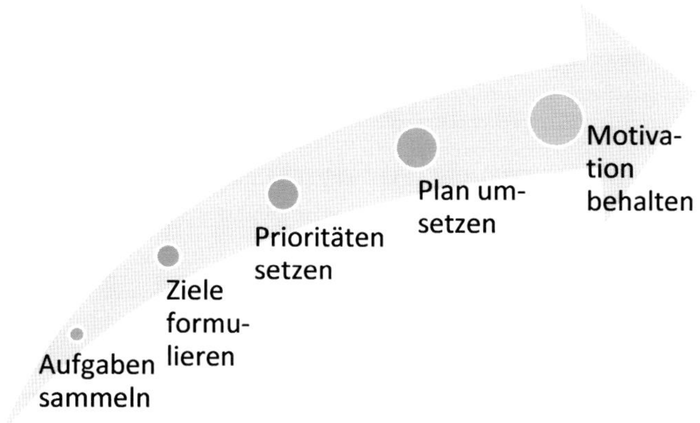

Aufgaben sammeln

Im ersten Schritt zum Selbstmanagement müssen Sie Aufgaben sammeln und überlegen, wie Sie Ihr Leben gestalten wollen. Was wollen Sie erreichen, wie wollen Sie in fünf oder zehn Jahren leben oder wie wollen Sie dann auf keinen Fall leben? Auch negative Beispiele können helfen, damit Sie sich bewusstwerden, wie Ihr Leben in Zukunft aussehen soll. Vielleicht wollen Sie bis zu einem gewissen Zeitpunkt eine feste Arbeitsstelle haben, einen gewissen Geldbetrag gespart haben oder einen Urlaub gemacht haben, den Sie sich schon lange wünschen. Oder vielleicht wollen Sie auch nicht mehr rauchen oder nicht mehr bei Ihren Eltern leben und auf sie angewiesen sein.

Vision Board:
Als kleine Übung, um Ihre Ziele und Aufgaben zu finden, können Sie auch ein Vision Board gestalten. Hierfür brauchen Sie nicht viel außer einem Blatt Papier, ein paar Stiften und vielleicht noch einigen alten Zeitschriften, aus denen Sie kleine Bilder ausschneiden können. Sie können das Ganze aber auch auf dem Laptop machen, Bilder im Internet suchen und anschließend in die Datei einfügen.
Es geht nun darum, dass Sie sich Ihre Aufgaben klar vor Augen führen und überlegen, was Sie in Ihrem Leben wirklich erreichen wollen. Beginnen Sie damit, eine Mindmap zu gestalten, und schreiben Sie alles auf, was Ihnen zu diesem Thema einfällt. Die Aufgaben oder Ziele können noch so klein sein, es ist nur wichtig, dass Sie auch wirklich dahinterstehen. Trennen Sie kurzfristige und langfristige Ziele und fokussieren Sie sich bei der Ausarbeitung anschließend vor allem auf die langfristigen Ziele. Diese Ziele können Sie dann noch mit Zeitungsausschnitten, Bildern oder Zeichnungen visualisieren und so ein kleines Vision Board mit allen Zielen erstellen. Dieses Board können Sie sich dann in Ihrer Wohnung am Kühlschrank, im Badezimmer oder irgendwo anders aufhängen, wo Sie es immer wieder sehen und dadurch an Ihre Ziele erinnert werden.

Ziele formulieren

Nachdem Sie Ihre Aufgaben gefunden haben und sich bewusst darüber sind, was Sie in Ihrem Leben erreichen wollen, geht es an den nächsten Schritt und Sie müssen die Ziele entsprechend formulieren und planen. Wann wollen Sie das Ziel erreichen? Was können Sie schon jetzt machen, um dem Ziel näher zu kommen? Was hindert Sie daran, das Ziel schon jetzt zu erreichen? Es gibt viele Fragen und zu jedem Ziel sollten Sie sich eine kleine Liste mit entsprechenden Stichpunkten machen.

Ziel: gesünder leben

Ist-Zustand: wenig Sport, viele Süßigkeiten, viele Fertigprodukte, zu wenig Zeit fürs Kochen, viel Stress privat und in der Arbeit...

Soll-Zustand: mehr Bewegung, gesundes Gewicht halten, mehr frische und unverarbeitete Produkte, mehr Ausgleich zur Arbeit und mehr Zeit für schöne Dinge, mehr Selbstakzeptanz...

Zwischenstopps: Süßigkeiten gegen gesunde Snacks eintauschen, statt Netflix auf der Couch einfach parallel ein bisschen Sport machen, öfter mal Nein sagen, bessere Zeitplanung...

Solche kleinen Steckbriefe können Sie sich für jedes Ziel schreiben und je ausführlicher Sie die Punkte füllen, desto besser funktioniert später auch die Umsetzung. Vielleicht können Sie auch aus kleinen Zeichnungen und Visualisierungen zusätzliche Motivation schöpfen, sich einen Weg mit Zwischenstopps malen oder einen Berg zeichnen, den Sie mit der Zeit erklimmen wollen. Wichtig bei der Formulierung Ihrer Ziele ist, dass Sie sich realistische Aufgaben geben und nichts von sich erwarten, was von Anfang an nicht funktionieren kann. Jeder kleine Schritt in die richtige Richtung führt Sie zum Ziel und es ist auch kein Problem, wenn Sie zwischendurch einmal Pausen einbauen. Solange Sie das Ziel im Auge behalten und sichergehen, dass Sie es früher oder später erreichen, ist auf dem Weg dorthin alles erlaubt.

Prioritäten setzen

Wenn Sie nun vor einer Liste mit vielen unterschiedlichen Zielen sitzen, sind Sie vielleicht erst einmal etwas überfordert und wissen überhaupt nicht, wo Sie anfangen und aufhören sollen. Auf den ersten Blick scheint jedes Ziel wichtig und sobald Sie sich mit einem näher beschäftigen, rückt es wieder mehr in den Fokus. Aus diesem Grund ist es wichtig, dass Sie Ihre Ziele sortieren und überlegen, in welchem Zeitraum Sie welches Ziel erreichen wollen und vor allem können. Vielleicht gibt es auch einige Wünsche, die Sie gemeinsam erfüllen können oder die aufeinander aufbauen und es Ihnen einfacher machen, eine Reihenfolge festzulegen.

Es ist auch nicht schlimm, wenn Sie zwischendurch Ihre Prioritäten verändern, allerdings sollten Sie schon einmal ein stabiles Grundgerüst bauen, damit Sie nicht jeden Tag von einem Ziel zum nächsten wechseln und nie zum Ende kommen. Multitasking funktioniert hier leider nicht so gut und die meisten Ziele erfordern die volle Aufmerksamkeit oder zumindest ausreichend fokussierte Motivation. Um die Rangnummern der einzelnen Ziele zu bestimmen, können Sie sich auch in das Gefühl hineinversetzen, das Sie haben, wenn Sie den Wunsch endlich erfüllt haben.

Wie wird es sich anfühlen, wenn Sie ein glücklicheres Leben führen, mehr Spaß in der Arbeit haben oder mehr Zeit mit Ihrer Familie und Ihren Freunden verbringen? Welches dieser Gefühle erfüllt Sie am meisten? Wie groß ist Ihre aktuelle Notlage in den unterschiedlichen Bereichen und wie dringend wollen oder müssen Sie etwas ändern? All das sind Fragen, die Sie sich stellen können, um die richtigen Prioritäten zu setzen. Dabei sollten Sie aber zusätzlich darauf achten, dass das Ziel, das am anstrengendsten zu erreichen scheint, nicht automatisch auf dem letzten Platz landet. In vielen Fällen ist das Ziel, das am meisten Überwindung und Kraft kostet, auch das, das als Erstes angegangen werden sollte. Hören Sie auf Ihr Bauchgefühl und verstecken Sie sich nicht vor Herausforderungen, denn das Gefühl, das Sie hinter der Ziellinie haben werden, wird unbezahlbar sein.

Plan umsetzen

Nach der ganzen Theorie kommt irgendwann auch der Punkt, an dem Sie aktiv werden und vom Planen zum Handeln übergehen müssen. Dieser Schritt erfordert viel Motivation und während es fast ein bisschen Spaß gemacht hat, die Ziele zu gestalten und sich einen passenden Weg zu überlegen, kostet es viel Kraft, endlich loszulegen. Sie müssen dafür aus Ihrer Komfortzone treten und das hinter sich lassen, was Sie Ihr ganzes Leben lang gemacht haben. Jetzt heißt es nach dem Abendessen vielleicht nicht mehr „Ab auf das Sofa und den Fernseher an“, sondern es geht erst noch ins Fitnessstudio, zum Joggen oder zum Skypen mit Freunden. Schritt für Schritt wird sich Ihr ursprünglicher Alltag verändern und Ihr Ziel wird immer mehr in Reichweite kommen. Dabei kann es auch sein, dass Sie zwischendurch den Plan noch einmal ändern müssen und Ihnen vielleicht auffällt, dass ein Ziel nicht so realistisch war oder Sie noch mehr Zwischenschritte brauchen. Solche Änderungen sind aber jederzeit erlaubt und solange Sie nicht anfangen, zu stagnieren und aufzuhören, an sich zu arbeiten, dürfen Sie Ihren Weg immer weiter ausbauen.

Motivation behalten

Damit schließt sich auch gleich der letzte und wichtigste Punkt an, um ein erfolgreiches Selbstmanagement zu entwickeln. Ohne ausreichend Motivation werden Sie auf dem Weg zum Ziel irgendwann die Lust verlieren und nur noch den Verzicht und die Anstrengung sehen. Meistens passiert das kurz vor dem Ziel, und nachdem Sie sich schon so lange durchgekämpft haben, kommt eine Phase, in der Sie ungeduldig darauf warten, endlich das langfristige Ziel zu erreichen. Diese

Flaute kurz vor dem Ziel ist besonders anstrengend, denn eigentlich hat man gar keine Energie mehr und langsam schon die Hoffnung aufgegeben. Aber genau in diesem Moment müssen Sie Ihr Vision Board noch einmal auspacken und überlegen, wofür Sie das alles gemacht haben und was Sie nach der Ziellinie erwartet. Schauen Sie auch zurück, was Sie schon alles erreicht haben und wie viel Wegstrecke Sie bereits zurückgelegt haben.

Das vorhin angesprochene Tagebuch kann dabei helfen: Je genauer Sie Ihre Erfolgserlebnisse dokumentieren, desto motivierender können sie wirken. Sie können sich auch zwischendurch immer wieder belohnen und bei langfristigen Zielen kleinere kurzfristige Ziele zwischenschalten, damit Sie nicht erst mehrere Wochen und Monate kämpfen müssen, um ein Erfolgserlebnis zu haben. Nutzen Sie alle Tricks und Tipps, die bei Ihnen helfen, um am Ball zu bleiben. Sprechen Sie mit Freunden oder Verwandten über Ihre Ziele und lassen Sie sich von ihnen beraten. Vielleicht hat jemand auch etwas Ähnliches vor und Sie können gemeinsam mit einem Freund den Weg zum Ziel meistern. Rufen Sie sich immer wieder vor Augen, wie es sich anfühlen wird, wenn Sie das Ziel erreicht haben, und nutzen Sie dieses Gefühl als Antrieb und Kraftspender.

1.3 SELBSTREGULATION

Ein entscheidender Punkt für die Selbstdisziplin ist die Fähigkeit, seine eigene Aufmerksamkeit, seine Emotionen und Impulse und seine Handlungen zu steuern. Gemeinsam mit der Impulskontrolle macht die Selbstregulation es möglich, dass Menschen in der Lage sind, ihr eigenes Verhalten in Bezug auf eigene Ziele zu steuern. Dabei spielt unter anderem der Umgang mit Gefühlen und mit der eigenen Stimmung eine wichtige Rolle. Je besser Sie eine sinnvolle Emotionsregulation handhaben können, desto einfacher wird es Ihnen später auch fallen, diszipliniert zu bleiben. Wichtig ist aber, dass Sie diese Regulationsaufgaben nicht automatisch auf alles übertragen und dass Sie nicht sämtliche Gefühle und Stimmungen unterdrücken. Viel bedeutender ist, dass Sie kurzfristige Stimmungsausbrüche und langfristige Gefühle unterscheiden können (weitere Erklärungen folgen in einem späteren Abschnitt). Zur Selbstregulation gehört aber auch die Fähigkeit, Absichten und Ziele durch gerichtetes und realistisches Handeln zu verwirklichen. Haben Sie eine ausgeprägte Willenskraft, dann wird es Ihnen nicht so schwerfallen, fokussiert zu bleiben, und Sie werden Ablenkungen weniger leicht nachgeben.

Um den direkten Zusammenhang mit der Selbstdisziplin zu illustrieren, finden Sie hier noch ein kleines Beispiel, das die starke Verknüpfung deutlich macht. In vielen Fällen kann Selbstkontrolle auch mit Selbstdisziplin gleichgesetzt werden und beide Faktoren bedingen sich gegenseitig. Wenn Sie zum Beispiel ein Stück Schokolade vor sich haben und das Bedürfnis aufkommt, es zu essen, obwohl Sie aktuell auf Süßigkeiten verzichten, müssen Sie damit beginnen, sich selbst zu kontrollieren. Ihre Lust auf Schokolade müssen Sie somit zügeln und sich wieder in Erinnerung rufen, dass Sie aktuell eigentlich auf Süßigkeiten verzichten, um gesünder zu leben. Gleichzeitig spielt aber auch die Selbstdisziplin eine wichtige Rolle, denn dadurch wird Ihnen wieder in Erinnerung gerufen, was Ihr eigentlicher Vorsatz ist. Vielleicht kann man die beiden Faktoren auch mit einem Polizisten und dem Strafrecht vergleichen. Der Polizist stellt die Selbstkontrolle dar und sorgt dafür, dass die Gesetze aus dem Strafrecht, also der Selbstdisziplin, eingehalten werden.

Der Psychologe Frederick Kanfer geht davon aus, dass die Selbstregulation genau dann einsetzt, wenn Sie ein Ziel erreichen wollen und auf Ihrem Weg unerwartete Hindernisse auftreten. In solchen Momenten beginnen Sie damit, zu überlegen, was sich verändert hat, und Sie konzentrieren sich auf Ihre eigenen Handlungen. Der Reihe nach fangen Sie mit der Beobachtung an und sammeln Informationen über das aktuelle Ereignis und Ihre Handlungen. Anschließend beginnen Sie meist mit der Selbstbewertung und vergleichen den entdeckten Unterschied mit dem allgemeinen Standard. Hat sich etwas positiv oder negativ verändert und welche Verantwortung trägt Ihre Handlung?

Nachdem Sie diese Fragen geklärt haben, geht es mit der Selbstverstärkung, auch Kontingenz genannt, weiter. Dieser Schritt läuft oft unbewusst ab und beruht auf dem Modell der Konditionierung. Das bedeutet, dass Sie aus vergangenen Ereignissen für die Zukunft lernen und zum Beispiel etwas vermeiden, das Ihnen schon einmal geschadet hat. Wenn Sie sich an der Herdplatte verbrannt haben, werden Sie so schnell nicht mehr auf den Herd fassen, und Sie verknüpfen unterbewusst den Herd mit Schmerzen. Durch die Abfolge dieser Schritte lernen Sie mit der Zeit immer besser, welche Wirkung Ihr Handeln hat, und beginnen damit, sich selbst zu regulieren und vielleicht auch schon vor der eigentlichen Handlung zu überlegen, wie sie Ihre Zukunft beeinflussen könnte.

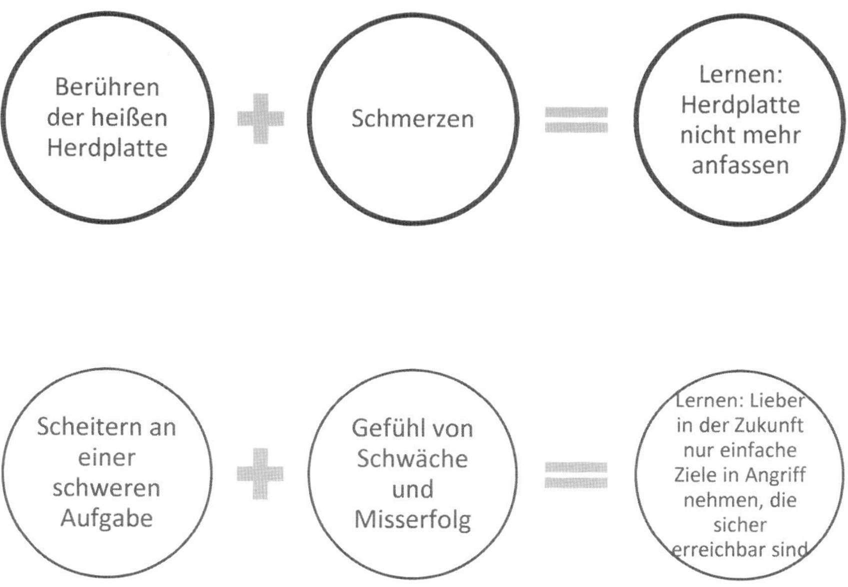

1.4 SELBSTMOTIVATION

Etwas einfacher zu verstehen und zu trainieren ist die Selbstmotivation, die die Fähigkeit bezeichnet, aus eigenem Antrieb Aufgaben zu erfüllen. Es ist also kein Zwang durch andere Personen nötig, sondern Sie entscheiden sich selbstständig dafür, eine Aufgabe zu erledigen und die Anstrengungen dafür auf sich zu nehmen. Wenn es also nur darum geht, dass Sie sich selbst motivieren, hört es sich doch eigentlich ganz einfach an, oder? Leider ist es aber – wie Sie sicherlich wissen – nicht ganz so einfach und es gibt viele Dinge, die einem dabei im Weg stehen können, sich selbst zu motivieren. Selbstmotivation bedeutet auch, dass Sie die Verantwortung für Ihr Handeln übernehmen und sich entscheiden, selbst zum Ziel zu gehen, egal, wie weit der Weg ist. Auch wenn es mal schwer ist, sich aufs Laufband zu stellen oder im Restaurant lieber einen Salat statt Pommes zu nehmen, Sie selbst haben Ihr Ziel vor Augen und damit können Sie sich immer wieder aufs Neue motivieren. Sie haben aber nicht nur Verantwortung, sondern auch deutlich mehr Freiheit, schließlich können Sie selbst entscheiden, wann Sie was machen wollen, und

Sie brauchen kein schlechtes Gewissen zu haben. Wenn Sie es zum Beispiel schaffen, alle Ihre Aufgaben in fünf Stunden zu erledigen, dann können Sie sich danach ganz entspannt ausruhen. Warum sollen Sie noch weitere drei Stunden am Schreibtisch sitzen, wenn Sie einfach schnell und motiviert gearbeitet haben? Sie können das Gefühl genießen, etwas erreicht zu haben und dieses Gefühl wird Sie auch in Zukunft antreiben, mehr aus eigener Motivation zu machen.

Bei der Motivation gibt es zwei unterschiedliche Arten, die jeweils einen anderen Handlungsanreiz haben und unterschiedlich trainiert werden können. Die erste Art, die **intrinsische Motivation**, geht allein von Ihnen aus und Sie brauchen dafür keinen äußeren Anreiz. Sie machen etwas nur, weil Sie es selbst wollen und es Ihnen zum Beispiel Spaß macht oder Sie es wichtig finden. Ein Beispiel dafür wäre das Spielen eines Instruments. Wenn Sie es nicht gerade in der Fußgängerzone machen, um Geld zu verdienen, dann spielen Sie sicherlich meistens nur aus intrinsischer Motivation, weil es Ihnen Spaß macht.

Das Gegenteil davon ist die **extrinsische Motivation**. Diese bedeutet, dass Sie sich mit Hilfe eines äußeren Anreizes motivieren. Es zählt immer noch zum Bereich Selbstmotivation, jedoch haben Sie zum Beispiel den Anreiz, Geld für einen Urlaub zu verdienen oder sich ein neues Handy zu kaufen. Beim Trainieren von Hunden wird diese Art von Motivation häufig verwendet und mit gezielt platzierten Leckerlies und Belohnungen lernt ein Hund so, was er machen darf oder eben nicht. Lernt er, dass er ein Leckerli bekommt, wenn er Sitz macht, wird er das in Zukunft öfter tun, um die besagte Belohnung zu bekommen. Um Selbstmotivation zu lernen und zu verstärken, können Sie selbst auch auf diese Methode zurückgreifen und kleine Belohnungen einbauen, um Ihre Ziele zu erreichen.

Dabei besteht aber auch die Gefahr, dass Sie von der Belohnung abhängig werden und es nicht mehr aus intrinsischem Antrieb heraus schaffen, Aufgaben zu erledigen und Ziele zu erreichen. Auch hier ist also das richtige Maß der Schlüssel zum Glück und mit einem gut abgestimmten Wechsel aus intrinsischer und extrinsischer Motivation werden Sie es in Zukunft viel besser schaffen, sich selbst zu motivieren. Um die folgenden Aufgaben richtig umsetzen zu können und möglichst effektiv an Ihrer Selbstmotivation zu arbeiten, müssen Sie sich nun noch kurz überlegen, welcher **Motivationstyp** Sie sind. Dabei geht es nicht nur um die intrinsische und die extrinsische Motivation, sondern vor allem um den eigenen Antrieb. Gehören Sie zu den Menschen, die handeln, weil sie ihre Ziele erreichen wollen, oder gehören Sie eher zu der Gruppe, die nur handelt, weil sie die möglichen negativen Konsequenzen vermeiden will? Wenn Sie den Unterschied zwischen beiden Typen verstehen und sich klar darüber geworden sind, in welche Gruppe Sie gehören, werden Ihnen die nun folgenden Tipps und Übungen um einiges leichter fallen und Sie werden es besser schaffen, sich selbst zu motivieren.

#1 Das Ziel vor Augen

Machen Sie sich bewusst, aus welchem Grund Sie sich für etwas motivieren wollen. Warum wollen oder müssen Sie diese Aufgabe erledigen, zum Sport gehen oder sich mit Freunden treffen? Wie hilft Ihnen dieses kleine Ziel, Ihrem längerfristigen Ziel näher zu kommen? Wenn Sie keinen überzeugenden Grund finden und zum Beispiel merken, dass Sie nur aus Langweile handeln, dann ist es die Energie nicht wert. Konzentrieren Sie sich lieber auf die Dinge, die Ihnen guttun und hören Sie auf Ihr Bauchgefühl. Merken Sie sich das Gefühl von Freude und Stolz, wenn Sie ein Ziel erreicht haben, und nutzen Sie dieses Gefühl immer wieder, um sich erneut zu motivieren.

#2 Der Sinn-Finder

Ähnlich wie beim ersten Punkt geht es auch hier darum, warum Sie so handeln, wie Sie es gerade tun. Überlegen Sie sich, wie es Ihnen gehen könnte, nachdem Sie eine Aufgabe erledigt oder ein Ziel erreicht haben. Suchen Sie nach dem Sinn, der sich dahinter verbirgt, und schreiben Sie ihn sich am besten auf, um ihn immer vor Augen zu haben, wenn Ihnen die Motivation abhandenkommt.

#3 Schritt für Schritt zum Ziel

Nach dem Motto „Rom wurde auch nicht an einem Tag erbaut“ sollten Sie selbst handeln, wenn es darum geht, Ihre Ziele zu erreichen. Die Motivation lässt schnell nach, wenn das Ziel viel zu groß und zu weit weg ist. Es fällt Ihnen schwerer, sich überhaupt auf den Weg zu machen und dadurch rückt das Ziel nur noch weiter in die Ferne. Statt sich also gleich einen großen Berg an Aufgaben aufzuladen, sollten Sie lieber alles in kleine Stapel packen und Schritt für Schritt ein Ziel nach dem anderen erreichen. Schreiben Sie sich dafür zum Beispiel eine detaillierte To-do-Liste, denn durch das Streichen von erledigten Aufgaben haben Sie gleich ein viel besseres Gefühl und auch wenn es nur ein kleiner Schritt war, hat er zumindest in die richtige Richtung geführt.

#4 Die magischen 15 Minuten

Wenn Sie mal wieder an einem regnerischen Tag vor lauter Aufgaben sitzen und eigentlich überhaupt keine Lust haben, irgendetwas zu machen, können Sie Folgendes tun: Suchen Sie sich aus all den Aufgaben etwas aus, das Sie wirklich gerne erledigen wollen, und nehmen Sie sich 15 Minuten Zeit, um daran zu arbeiten. Vielleicht fragen Sie sich jetzt, was Sie denn in 15 Minuten erreichen sollen, aber genau da versteckt sich der Trick.

Anfangen ist oft eine große Überwindung, aber das Weitermachen danach ist dann gar nicht mehr so schwer – so werden aus 15 Minuten doch schnell mehr und plötzlich ist es eine halbe Stunde oder Stunde geworden. Sie tricksen sich damit selbst ein bisschen aus, und bestimmt kennen Sie es, wenn Sie nach der ersten Seite komplett in einem Buch versinken. Ähnlich ist es auch bei der Selbstmotivation und der Erledigung von Aufgaben. Die größte Hürde ist das Anfangen und danach wird es immer besser. Falls Sie nach den 15 Minuten aber immer noch keine Motivation haben und schon die ganze Zeit auf die Uhr geschaut haben, dann hören Sie lieber auf. Vielleicht ist heute einfach nicht der richtige Tag dafür und bestimmt klappt es morgen oder nach einer Pause bereits in einer Stunde wieder besser.

#5 Lieber realistisch bleiben

Hört es sich realistisch an, dass Sie schon morgen ein ganz anderes Leben führen und alle negativen Einflüsse aus Ihrem Leben entfernt haben? Wenn Ihnen jemand diese Aufgabe geben würde, würden Sie wahrscheinlich nur lachend den Kopf schütteln und daher sollten Sie sich auch selbst nicht solche Mammutaufgaben geben. Planen Sie lieber Woche für Woche mit kleinen Zielen und gehen Sie sicher, dass diese Ziele auch wirklich erreichbar sind. Überlegen Sie sich, ob Sie gerade auf dem richtigen Weg sind und Ihr tatsächliches Ziel verfolgen. Teilen Sie anschließend das Ziel in mehrere Schritte und geben Sie sich vor allem ausreichend Zeit, um es tatsächlich zu erreichen. Wenn Sie sich zu oft zu hohe Ziele stecken und jedes Mal aufs Neue enttäuscht werden, dann werden Sie sich in Zukunft immer schlechter selbst motivieren können und an der Selbstdisziplin scheitern.

#6 Hinterlistige Glaubenssätze

Vielleicht haben Sie schon einmal von Glaubenssätzen gehört und wissen, wie sich diese auf Ihr Leben auswirken. Falls nicht, folgt hier eine kurze Erklärung, die das Wichtigste auf den Punkt bringt. Wie der Name schon sagt, haben diese Sätze etwas mit Ihrem Glauben zu tun und beschäftigen sich damit, aus welchem Antrieb heraus Sie handeln. Sie drücken Ihre unterbewusste Überzeugung aus und sind fast wie Ihre Visitenkarte, die Sie von anderen Menschen unterscheidet. „Ich werde nur gemocht, wenn ich viel Leistung bringe. Ich bin nur glücklich, wenn ich wirklich alle Aufgaben erledigt habe."

Diese Beispiele würden Sie dazu bringen, besonders aktiv zu arbeiten und immer bis zum Schluss zu bleiben, um wirklich alles fertigzumachen. Das kann zwar in vielen Bereichen auch positiv sein, allerdings führen falsch formulierte oder negative Glaubenssätze oft dazu, dass Sie zu streng mit sich sind. Wenn Sie zum Beispiel die Einstellung haben, dass Sie nur zur Ruhe kommen dürfen, wenn alle Aufgaben erledigt sind, dann werden Sie vermutlich nie eine Pause machen, denn irgendwo kommt immer eine neue Aufgabe daher. Aus diesem Grund sollten Sie sich einmal überlegen, welche Glaubenssätze Sie haben und welche davon sich negativ auf Ihre psychische Gesundheit auswirken könnten. Diese Sätze sollten Sie sich anschließend irgendwo aufschreiben und jedes Mal, wenn Sie merken, dass Sie wieder nach einem alten Muster handeln, halten Sie kurz inne. Fragen Sie sich, warum oder wofür Sie etwas wirklich machen wollen, und erlauben Sie sich, glücklich und zufrieden zu sein, auch wenn Sie nicht alle Aufgaben auf einmal erledigt haben. Morgen ist ein neuer Tag und manche Aufgaben können warten.

#7 Woop-Methode

Auch wenn Sie sich einen perfekten Plan gemacht haben und scheinbar alles zu funktionieren scheint, kann es sein, dass doch irgendetwas nicht auf Anhieb so läuft, wie Sie es gerne hätten. Vielleicht haben Sie einen kleinen Faktor nicht beachtet oder es ist ein unerwartetes Problem aufgetreten. Leider klappt nicht immer alles von Anfang an, und um zu viel Enttäuschung rechtzeitig zu vermeiden, können Sie die Woop-Methode nutzen, um Ihr Ziel und Ihren Weg dorthin kritisch zu hinterfragen. Diese Methode setzt sich aus „Wish", „Outcome", „Obstacle" und „Plan" zusammen und es geht darum, dass Sie Schritt für Schritt den perfekten Plan entwickeln.

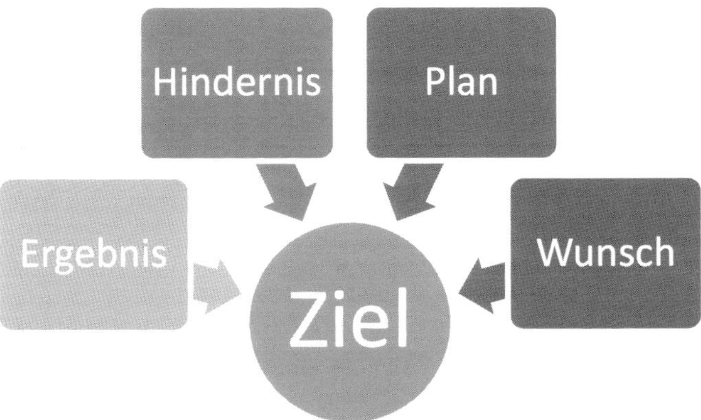

Dafür überlegen Sie sich zuerst, was Ihr **Wunsch** (= Wish) ist und wie das mögliche **Ergebnis** (= Outcome) aussieht. Anschließend überlegen Sie ausführlich, welche **Hindernisse** (= Obstacles) es geben könnte und wie Sie diese vermeiden oder beheben können. Zum Schluss machen Sie sich noch einen vollständigen **Plan** und notieren sich, welche Punkte besonders Probleme machen könnten. So sind Sie auf alle möglichen Hindernisse vorbereitet und werfen nicht gleich die Flinte ins Korn, wenn etwas nicht so erfolgreich läuft, wie Sie es gerne hätten.

#8 Positive Gedanken, positives Selbst

Bestimmt haben Sie schon oft gehört, dass man nur ganz fest an etwas glauben muss und es dann wirklich in Erfüllung geht. Wenn Sie von Anfang an die Einstellung haben, dass Sie Ihr Ziel nicht erreichen werden, registriert Ihr Unterbewusstsein das und Sie werden mit weniger Motivation an die Umsetzung gehen. Wenn Sie sich aber stattdessen sagen, dass Sie es schaffen können und Sie alles Nötige haben, um das Ziel zu erreichen, dann haben Sie tatsächlich eine Chance. Auch wenn es sich ein bisschen esoterisch anhört, diese Gedanken helfen wirklich. Als positive Affirmationen sind sie schon in vielen Bereichen bekannt geworden. Probieren Sie es einfach einmal aus und erleben Sie selbst, wie Sie sich durch ein positives Mindset besser motivieren können.

#9 Schneller als der innere Schweinehund

Bei Pflichtaufgaben, die einfach nur lästig sind, aber nun mal gemacht werden müssen, ist der innere Schweinehund besonders laut und sicherlich kennen Sie es, dass Sie sich dann noch schlechter motivieren können. Vielleicht geht es Ihnen so, dass

Sie jedes Mal, wenn der Hausputz ansteht, in ein tiefes Motivationsloch fallen und einfach nur den ganzen Nachmittag auf der Couch sitzen. Damit Ihnen das in Zukunft aber nicht mehr passiert und Sie schneller sind als Ihr innerer Schweinehund, sollten Sie solche lästigen Aufgaben möglichst gleich am Tagesanfang einplanen. Fangen Sie an, bevor sich Ihr innerer Schweinehund überhaupt melden kann, und nutzen Sie die frühen Stunden, um produktiv zu sein. So werden Sie auch gleich noch mit einem guten Gefühl belohnt und Sie können den ganzen Tag stolz auf sich sein, dass Sie schon morgens die Wäsche gemacht haben, das Bad gewischt haben oder im Fitnessstudio waren. Sie motivieren sich damit übrigens nicht nur für die lästige Aufgabe, sondern durch die anschließende gute Stimmung haben Sie auch noch für alle anderen Aufgaben genug Motivation.

#10 Stärker als die Routine

Sich von Routinen zu trennen, ist eine schwere Aufgabe und immer wieder kommt man ganz automatisch in denselben Kreislauf. Sie folgen einfach so Ihrem gewohnten Ablauf und ohne richtig aufzupassen, stehen Sie plötzlich wieder an dem Punkt, an dem Sie auch schon die letzten Male standen. Das Handy hat Sie mal wieder abgelenkt, der automatische Griff zum Süßigkeitenschrank ist einfach so passiert und durch die abendliche Sofa-Routine haben Sie schon wieder kein Workout gemacht. Routinen sind sicherlich eines der größten Hindernisse, wenn es darum geht, sich selbst zu motivieren, und erst mit viel Übung und Konzentration schaffen Sie es, endgültig aus ihnen auszubrechen. Beginnen Sie zum Beispiel damit, in Ihrer Wohnung ein bisschen umzustellen, Ihren Schreibtisch umzusortieren oder die Süßigkeiten weiter hinten im Schrank zu verstauen. Manchmal reichen schon solche Kleinigkeiten aus, um aus den üblichen Gewohnheiten auszubrechen und Platz für neue Routinen zu schaffen.

#11 Die Akzeptanz als Endgegner

Noch schwerer, als aus den Routinen auszubrechen, ist es, mögliches Scheitern zu akzeptieren und zu lernen, dass nicht jeder Tag gleich ist. Wenn Sie sich vorgenommen haben, dass Sie genauso aktiv arbeiten wie schon die letzten Tage, können Sie Glück haben und Sie schaffen es oder Sie haben Pech und sind heute vielleicht mit dem falschen Fuß aufgestanden oder hatten zu wenig Kaffee zum Frühstück. Sie müssen sich bewusst machen, dass Sie keine Maschine sind und nicht jeden Tag gleich viel Leistung erbringen können, sondern dass es Tage gibt, an denen Sie mehr Erfolg haben und Tage, an denen Sie scheinbar nichts auf die Reihe bekommen. Fehler sind menschlich und es ist nahezu unmöglich, alles von Anfang an perfekt zu machen. Aus diesem Grund sollten Sie sich selbst auch nicht zu sehr unter Druck setzen und es akzeptieren, wenn Sie an einer oder mehreren Aufgaben scheitern. Wie gesagt, Rom wurde auch nicht an einem Tag erbaut, und sicherlich saß nicht jeder Stein von Anfang an perfekt. Wichtig ist nur, dass Sie diese Akzeptanz nutzen, um am nächsten Tag mit neuer Energie und Motivation einen weiteren Versuch zu starten, und sich nicht davon abschrecken lassen, dass Sie schon einmal gescheitert sind.

#12 Die Belohnung

Natürlich hilft auch eine Belohnung, um sich selbst zu motivieren, und nach einer anstrengenden Aufgabe oder einem langen Kampf mit den kurzfristigen Bedürfnissen und dem inneren Schweinehund hat sich jeder eine kleine Auszeit verdient. Am besten überlegen Sie sich schon von Anfang an, wie Sie sich am Ende des Tages belohnen können. Dabei muss es nicht immer um große Dinge gehen, auch Kleinigkeiten reichen als Motivation aus. Vielleicht wollen Sie unbedingt mal wieder baden oder einen Filmeabend mit einer Freundin machen. Vielleicht haben Sie aber auch einfach nur Lust auf ein gutes Stück Schokolade oder einen entspannten Feierabend. Überlegen Sie sich etwas, das Sie antreibt und Ihnen hilft, nicht mitten in der Aufgabe abzubrechen, weil die Motivation Sie verlassen hat. Setzen Sie sich aber nicht bei jeder kleinen Aufgabe eine Belohnung als Ziel, sondern nutzen Sie diese Strategie vor allem bei besonders anstrengenden oder zeitintensiven Dingen, denn diese extrinsische Motivation kann – wie vorhin schon angesprochen – ein Suchtpotenzial haben und die intrinsische Motivation vollständig vertreiben.

2. Ziele richtig formulieren

2.1 WIE SMART IST DAS DENN!

Um selbstdiszipliniert zu bleiben und seinen Zielen zu folgen, spielt die Formulierung der Ziele eine wichtige Rolle. Wenn Sie sich zu Beginn kurz Zeit nehmen, um Ihr Bedürfnis genau zu definieren, sparen Sie sich später viel Anstrengung. Die SMART-Methode ist ein sehr beliebter Weg, um in jeder Lebenssituation das Ziel nicht aus den Augen zu verlieren. Entwickelt wurde sie von Marktforscher Peter Drucker, der untersuchte, wie man in einem Unternehmen Projekte möglichst zielorientiert planen kann.

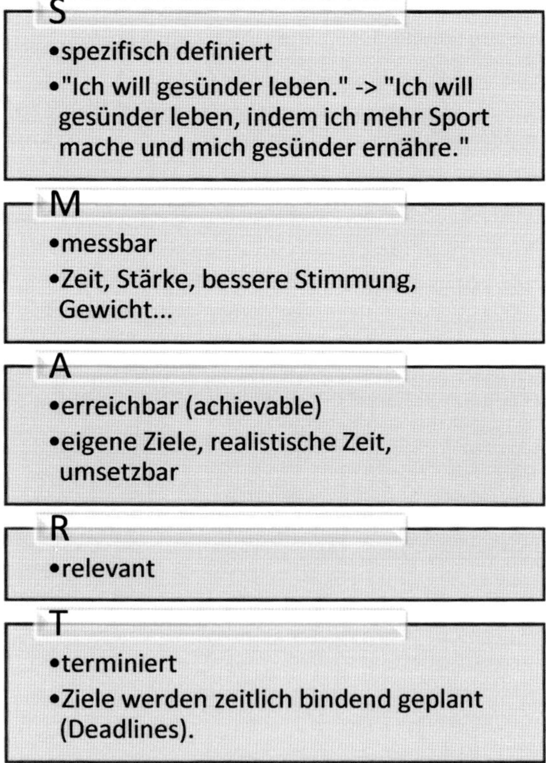

SMART ist bei dieser Methode ein englisches Akronym und setzt sich aus fünf unterschiedlichen Kriterien zusammen. Das S steht für **spezifisch** und bedeutet, dass Ziele so genau wie möglich definiert sein müssen. Wenn Sie zum Beispiel gesünder leben wollen, reicht es nicht, zu sagen „Ich will gesünder leben". Je detaillierter Sie schon die Zielsetzung formulieren, desto besser gelingt später auch die Umsetzung und daher sollten Sie sich bereits am Anfang überlegen, wie genau die Veränderung aussehen soll. Formulieren Sie Ihr Ziel dann zum Beispiel so: „Ich will gesünder leben, indem ich mehr Sport mache und auf eine ausgewogene Ernährung achte. Außerdem will ich nur die Dinge tun, die mir guttun, und öfter Nein sagen." Damit haben Sie eine genaue Vorstellung, was Sie ändern wollen, und können besser anfangen, Ihr Ziel zu verfolgen.

Das M steht für **messbar** und ist ein sehr wichtiger Punkt, wenn es darum geht, motiviert zu bleiben. Wenn Sie sich Ihr Ziel überlegen, dann sollte es unbedingt in irgendeiner Art und Weise messbar sein. So können Sie schon auf dem Weg dorthin sehen, wie viel Sie bereits geschafft haben, und müssen nicht erst bis zum Schluss warten, um ein Erfolgserlebnis zu haben. Dabei kann das Messbarkeitskriterium zum Beispiel eine Waage sein, Ihre Ausdauer beim Sport oder die Zeit, die Sie für sich haben, weil Sie es geschafft haben, Nein zu sagen. Überlegen Sie sich, wie Sie schon von Beginn an kleine Erfolge messen können, und behalten Sie dadurch Ihre Motivation bei.

Der nächste Buchstabe, das A, steht im Englischen für *achievable* und bedeutet, dass Ihre Ziele **erreichbar** sein müssen. Wenn Sie sich überlegen, was Sie verändern wollen, dann sollten Sie zum einen selbst hinter dieser Entscheidung stehen, und zum anderen sollte es realistisch sein, dass Sie dieses Ziel erreichen können. Sie werden nur enttäuscht werden, wenn Sie sich ein viel zu hohes Ziel stecken. Entsprechend ist es sinnvoller, sich kleine Zwischenziele zu überlegen, die auf dem Weg zum langfristigen Ziel liegen. Noch dazu sollten Sie sich wirklich selbst für das Ziel entscheiden und es nicht von jemand anderem aufgedrängt bekommen, denn wenn Sie selbst mit der aktuellen Situation zufrieden sind, dann gibt es auch keinen Grund, etwas zu ändern. Es ist Ihr Leben und allein Sie entscheiden, was Sie erreichen wollen und was Sie lieber unterlassen möchten.

Hinter dem R steckt die Bedeutung **relevant**. Ihr Ziel sollte also für Sie selbst eine große Bedeutung haben und Sie sollten sich überlegen, wie sich Ihr Leben verändern könnte, wenn Sie das Ziel erreicht haben. Gibt es tatsächlich einen

Grund für diese Veränderung oder wurde Ihnen das Ziel vielmehr von außen aufgedrängt, weil es der gesellschaftlichen Norm entspricht? Finden Sie Ihre ganz persönlichen Ziele und es wird Ihnen viel leichter fallen, diese Ziele tatsächlich zu erreichen.

Weiterhin ist es wichtig, dass Sie Ihr Ziel **terminieren** (hierfür steht das T). Wenn Sie planen, irgendwann in den nächsten Jahren gesünder zu leben, werden Sie jedes Mal eine Ausrede finden und einfach sagen, dass Sie morgen, in einer Woche oder zum neuen Monat damit anfangen. Sie schieben das Ziel damit immer weiter vor sich her und verlieren mit der Zeit die Motivation, weil noch gar keine Veränderung sichtbar ist. Stattdessen sollten Sie sich also einen festen Plan machen und zum Beispiel für jede Woche oder jeden Monat Ziele aufschreiben, die Sie in dieser Zeit erreicht haben wollen. Damit haben Sie einen festen Zeitrahmen und behalten die Motivation länger, weil Sie zwischendurch immer wieder durch Erfolgserlebnisse gestärkt werden. Das Akronym kann im weiteren Verlauf auch um zwei Buchstaben zu dem Wort SMARTER ergänzt werden. Dadurch werden noch zwei weitere Punkte in den Plan einbezogen: Während das E vor allem für wirtschaftliche Zielsetzungen von Bedeutung ist, können Sie das R auch gut auf Ihre eigenen Ziele übertragen.

Das E steht für *ecological* und bezieht damit die **Wirkung auf die Umwelt** ein, die Sie vielleicht im übertragenen Sinn auch in Ihren Plan einbauen können. Dabei bedeutet die Umwelt für Sie vielmehr Ihr persönliches Umfeld, Ihr soziales Leben oder auch Ihr Arbeitsleben. Sie überlegen sich also, wie sich durch dieses Ziel Ihre Beziehungen verändern könnten und wie wichtig Ihnen das Ziel im Vergleich zu möglichen Auswirkungen ist. Planen Sie zum Beispiel, dass Sie sich voll und ganz auf Ihre Leistung in der Arbeit konzentrieren wollen, dann kann es sein, dass Sie sich dadurch immer weiter von Ihren Freunden entfernen und auch bei Kollegen unbeliebter werden. Solche Auswirkungen können dazu führen, dass Sie Ihr Ziel zwar erreichen, dabei aber andere Dinge verlieren und am Ende merken, dass das Ziel doch nicht so wichtig war. Am besten werden Sie sich schon bei der Zielplanung über mögliche Umweltfolgen bewusst und stecken nicht zu viel Energie in einen Plan, den Sie zum Schluss doch bereuen.

Direkt anschließend an dieses Thema folgt noch das R, was bedeutet, dass Sie **ressourcenbedacht** arbeiten. Auch hier könnte man die Bedeutung wieder global und wirtschaftlich sehen, allerdings geht es in diesem Kontext in erster Linie darum, dass Sie Ihre Zeit und Energie sinnvoll einsetzen. Dafür sollten Sie sich überlegen, wie es Ihnen mit dem endgültigen Ziel gehen könnte und wie Sie sich fühlen, wenn Sie die Ziellinie erreicht haben. In diesem Zusammenhang verteilen Sie dann Ihre immateriellen und vielleicht auch Ihre materiellen Ressourcen und orientieren sich an einem möglichst ausgeglichenen Einsatz-Wirkungs-Zusammenhang. Es ist frustrierend, wenn Sie unglaublich viel Zeit und Energie in eine Sache investieren und am Ende nicht viel zurückbekommen. Daher sollten Sie sich genau überlegen, welche Ziele wirklich wichtig sind.

Beispiel: Mehr psychische und körperliche Gesundheit
S: Ich will mich in Zukunft mehr auf mich selbst und meine eigenen Bedürfnisse konzentrieren und auf eine ausgeglichene Lebensweise achten.
M: freie Zeit, mehr Energie durch gesündere Ernährung, sportliches Leistungswachstum...
A: Ich kann mich selbst dafür entscheiden, was ich mache, mit wem ich etwas mache und wie ich mich um meinen Körper kümmere. Ich merke, dass es mir aktuell nicht so gut geht, und ich will selbst etwas daran ändern. Um das zu erreichen, setze ich mir kleine Ziele, die im Alltag bewältigbar sind.
R: Ich bin unzufrieden mit der aktuellen Situation und merke, dass ich auf lange Sicht nicht so weite machen kann. Es kostet mich viel Energie, immer alles perfekt machen zu wollen und ich weiß, dass ich auch einmal Nein sagen muss, um mich um mein eigenes Wohlergehen zu kümmern. Daher ist das Erreichen meines Ziels für mich sehr relevant.
T: Ich will mein Ziel Schritt für Schritt erreichen und mir einen Wochenplan für die Umsetzung machen. Ganz am Anfang will ich mir jeden Tag eine Stunde Zeit nehmen, die ich nur für mich habe. Außerdem möchte ich mehr selbst kochen und ab und zu mit dem Fahrrad zur Arbeit fahren.

So oder ähnlich könnte Ihr SMART-Plan aussehen, wenn Sie sich Ihre Ziele überlegen. Das Praktische dabei ist, dass Sie beim Ausfüllen der Punkte sofort bemerken, wie wichtig Ihnen das Ziel ist. Wenn Sie schon beim zweiten Buchstaben keine Lust mehr haben, weiterzumachen, stehen Sie anscheinend nicht wirklich hinter dem Ziel und vielleicht bekommen Sie es nur von anderen aufgedrängt. Nehmen Sie sich Zeit, um die SMART-Methode anzuwenden, und konzentrieren Sie sich darauf, was Sie wollen, und nicht darauf, was andere von Ihnen oder für Sie wollen.

2.2 SUPERZAHL SECHS

Mit diesen sechs Tipps lernen Sie, wie Sie Ihre Ziele neben der SMART-Methode am besten formulieren und worauf es wirklich ankommt, wenn Sie schnell und effektiv zum Ziel kommen wollen. Es ist erstaunlich, wie viel schon die richtige Formulierung bewirken kann und wie Sie mit ein paar kleinen Veränderungen Ihr Gehirn so austricksen, dass es das Ziel möglichst schnell erreichen will.

Dafür ist es zuerst einmal wichtig, wie Sie das genaue **Ziel beschreiben**. Es gibt einen Unterschied zwischen der Beschreibung des Weges und des Soll-Zustands, und dieser Unterschied kann sich deutlich auf Ihre Motivation auswirken. Wenn Sie Ihr Ziel beschreiben, soll vor allem im Fokus stehen, was Sie damit erreichen wollen und wie die Veränderung möglicherwiese aussehen kann. Sie sollten sich nicht auf den Weg zum Ziel konzentrieren, sondern vielmehr darauf, wie das endgültige Ergebnis aussehen soll. Statt zu sagen „Ich will fünfmal in der Woche Sport machen, weniger Süßigkeiten essen und mich gesünder ernähren.“, sollten Sie Ihr Ziel lieber so formulieren: „Ich will, dass es mir in Zukunft gesundheitlich besser geht und ich mehr Energie und Motivation habe.“ Die Beschreibung des Weges können Sie dann im Anschluss noch durchführen, aber das genaue Ziel sollte möglichst kurz formuliert werden und den Soll-Zustand auf den Punkt bringen. Dadurch fokussieren Sie sich nicht nur darauf, was Sie alles noch machen müssen und wie lange der Weg zum Ziel ist, sondern Sie rufen sich immer wieder das Gefühl in Erinnerung, wie es sein kann, wenn Sie das Ziel erreicht haben.

In direkter Verbindung dazu steht, dass Sie sich einen Moment Zeit nehmen und eine kleine **Reise in die Zukunft** machen. Überlegen Sie, wie es Ihnen gehen wird, wenn Sie Ihr Ziel erreicht haben. Konzentrieren Sie sich darauf, wie stolz und glücklich Sie sein werden, und speichern Sie sich diese Gefühle an einem Ort ab, an dem Sie sie immer wieder finden. Falls Sie dann zwischendurch die Motivation verlieren, können Sie sich immer wieder an die Gefühle zurückerinnern und mit deren Hilfe genug Energie finden, um den Weg weiterzugehen. Bei der Motivation mach es einen großen Unterschied, ob Sie sich auf das fokussieren, was Sie noch nicht haben oder darauf, was Sie erreichen wollen und wie es Ihnen danach geht. Beim ersten Punkt befinden Sie sich sozusagen in einem negativen Zustand und sehen nur das, was Sie alles noch machen müssen. Dadurch wirkt der Weg viel weiter und oft stagniert auch die Motivation. Wenn Sie sich jedoch auf das Ziel fokussieren, befinden Sie sich in einem positiven Zustand und haben automatisch mehr Energie und Motivation.

Der dritte Aspekt bezieht sich auf die Zeitform, in der Sie Ihre Ziele formulieren. Nachdem Sie sich im letzten Punkt schon in die Situation versetzt haben, wie es Ihnen nach der Ziellinie gehen wird, können Sie Ihr Ziel nun auch in der **Gegenwartsform** beschreiben. Anstatt zu sagen, dass Sie sich mehr um Ihre Gesundheit kümmern werden, mit dem Rauchen aufhören werden oder weniger Alkohol trinken werden, sagen Sie direkt: „Ich kümmere mich mehr um meine Gesundheit.“, „Ich trinke weniger Alkohol.“ und „Ich höre mit dem Rauchen auf.“ Dadurch kommt das Ziel viel näher und Sie finden weniger Ausreden, um die Umsetzung noch weiter in die Zukunft zu schieben. Noch dazu ist es sehr wichtig, dass Sie die Ziele nicht im Konjunktiv formulieren, denn auch dadurch tricksen Sie sich selbst immer wieder aus und finden Ausreden, um noch nicht gleich mit der Umsetzung zu starten.

- Ich würde gerne mit dem Rauchen aufhören.
- Ich höre mit dem Rauchen auf.
- Ich werde mit dem Rauchen aufhören.

Diese drei Sätze beschreiben genau das gleiche Ziel, doch nur Satz b) wird Sie wirklich dazu bringen, den Weg zum Ziel loszugehen. Die anderen beiden Sätze beschreiben einen Zustand, der in der Zukunft liegt und dadurch auf unbestimmte Zeit weggeschoben werden kann. Befreien Sie sich von vagen Formulierungen und konzentrieren Sie sich lieber darauf, Ihre Wünsche in der Gegenwart und im Ist-Zustand zu formulieren. Ziele sind nicht dafür da, um infrage gestellt zu werden, sondern sollen ernst genommen werden und zu Veränderungen motivieren.

Schon im zweiten Punkt wurde die Stimmung angesprochen, in der Sie sich befinden, wenn Sie an das Ziel denken, und auch dieser Punkt geht noch einmal genauer darauf ein. Bei der perfekten Formulierung sollten Sie **negative Aussagen und Verneinungen vermeiden**. Diese wirken wie ein Verzicht und fokussieren sich nicht darauf, was Sie dadurch erreichen können. „Ich verzichte auf ungesundes Essen." macht einen ganz anderen Eindruck als „Ich ernähre mich gesund.", und obwohl beide Sätze dasselbe aussagen, haben sie eine ganz andere Wirkung. Der zweite Satz führt dazu, dass Sie stolz auf sich sein können und sehen, was Sie verändert haben, während der erste Satz Ihnen immer wieder aufs Neue zeigt, dass Sie gerade keine Süßigkeiten essen „dürfen" oder nicht einfach mal ein paar Pommes und einen Burger bestellen können. Dieser psychologische Trick klammert folglich den Verzicht aus und führt Ihnen vor Augen, wie viel besser es Ihnen durch die Veränderung geht.

„Ich achte besser auf mich als letztes Jahr", ist zwar ein gutes Ziel, allerdings sollten Sie **Vergleiche bei der Formulierung lieber aussparen**. Auch wenn sie sich optimal dazu eignen, um Verbesserungen zu beschreiben und sichtbar zu machen, neigt man dadurch oft dazu, das Ziel im Nachhinein noch einmal anzupassen. Wenn Sie im letzten Jahr kaum etwas für Ihre persönliche Gesundheit getan, sich wenig Zeit für sich genommen und selten Sport gemacht haben, dann ist es sehr einfach, dieses Ziel zu erreichen, und schon mit Treppenlaufen statt des Fahrstuhls könnten Sie sagen, dass Sie das Ziel erreicht haben. In Phasen mit wenig Motivation kommt es schnell dazu, dass Sie das Ziel deutlich herabsetzen und sich austricksen, indem Sie schon solche Kleinigkeiten als Erfolg sehen. Natürlich ist es eine Besserung, doch es entspricht nicht dem, was Sie eigentlich erreichen wollten. Aus diesem Grund sollten Sie bei der Formulierung auf Vergleiche verzichten und lieber konkret werden, indem Sie genau definieren, was Sie in diesem Jahr ändern wollen. Danach können Sie immer noch zurückblicken und sich stolz auf die Schulter klopfen, wenn Sie sich im Vergleich zum letzten Jahr deutlich gebessert haben, aber das sollte nicht die Beschreibung des Ziels sein. „Dieses Jahr höre ich auf mein Bauchgefühl, lebe gesünder und umgebe mich mit Sachen, die mir Spaß machen.“ Diese Formulierung hört sich schon weitaus besser an und mit einem klaren Ziel vor Augen lässt sich die Umsetzung viel leichter in Angriff nehmen.

Am Ende der Zielformulierung sollten Sie sich dann noch einmal die wichtigsten Fragen stellen und überprüfen, ob Sie auch an alles gedacht haben. Vielleicht wirkt es für Sie so, als wäre es sehr viel Arbeit, das Ziel erst einmal zu formulieren, doch im Nachhinein werden Sie sehen, dass es mit einer gut ausformulierten und klaren Beschreibung deutlich einfacher ist, alles in die Tat umzusetzen. Überlegen Sie sich noch einmal, was genau das **Endergebnis** sein wird, wenn Sie das Ziel erreicht haben. Wie soll es Ihnen gehen, nachdem Sie den langen Weg überstanden haben? Wann wollen Sie das Ziel erreicht haben und was lässt Sie erkennen, dass Sie dem Ziel immer näherkommen? Diese Fragen runden Ihre Überlegungen endgültig ab, und danach können Sie sich sicher sein, dass Sie den Weg zum Ziel schon deutlich einfacher und klarer gestaltet haben.

2.3 DAS ZIELKREUZ

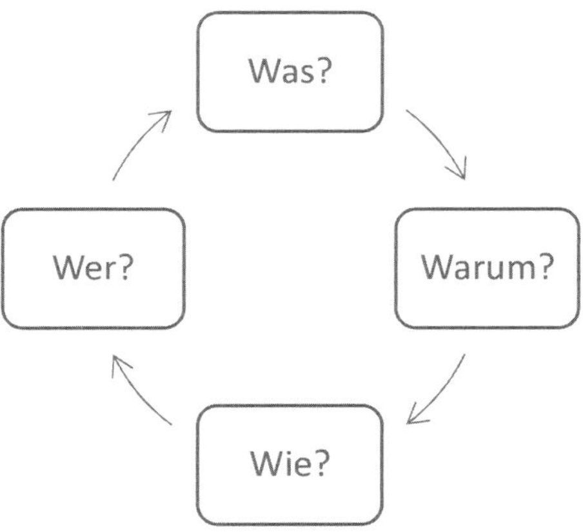

Falls Ihnen die ersten beiden Zielformulierungen zu aufwendig sind oder Sie das Gefühl haben, dass Sie damit nicht an Ihr Ziel kommen, kann auch das Zielkreuz eine gute Möglichkeit für Sie sein. Hierbei stellen Sie sich nur die vier Fragen Wie?, Was?, Wer? und Warum? und versuchen darüber, Ihr Ziel genauer zu definieren. Das Kreuz ist aber auch gut dafür geeignet, wenn Sie erst ganz am Anfang der

Findungsphase stehen und noch nicht genau wissen, wie Sie Ihr Ziel beschreiben und umsetzen wollen. Zu Beginn sollten Sie sich fragen, was Sie überhaupt erreichen möchten. Was macht Sie aktuell unzufrieden und was könnten Sie ändern, um wieder mehr Zufriedenheit zu erlangen? Überlegen Sie sich Ihre Ziele und finden Sie heraus, was für Sie gerade am wichtigsten ist. Diesen Wunsch nehmen Sie dann anschließend unter die Lupe und beginnen mit der genauen Definierung.

Warum ist gerade dieses Ziel wichtig und warum wollen Sie es als Erstes erreichen? Finden Sie heraus, was Ihre grundlegende Motivation ist, und überlegen Sie, welchen Nutzen Sie davon haben. Erinnern Sie sich aber auch noch einmal kurz an Ihre anderen Ziele und suchen Sie auch bei diesen nach der Motivation und dem Warum. Vielleicht fällt Ihnen dabei auf, dass es doch ein anderes Ziel gibt, das viel wichtiger zu sein scheint. Nachdem Sie sich dann für ein konkretes Ziel entschieden haben, geht es darum, wie Sie es optimal umsetzen können. Welche Möglichkeiten haben Sie, das Ziel effizient und in kurzer Zeit zu erreichen, und welche Punkte müssen Sie unbedingt beachten? Es geht nicht nur um das Ziel, sondern auch um den Weg dorthin, der möglichst anschaulich gemacht werden soll. Je genauer Sie die Umsetzung planen, desto besser sind Sie auch auf mögliche Komplikationen vorbereitet und wissen, worauf Sie sich einlassen. Bei einer Wanderung ist es schließlich auch sinnvoll, sich nicht nur den Gipfel anzuschauen, sondern auch den Weg dorthin, damit man weiß, wie viel Zeit man einplanen muss und welche Hilfsmittel man womöglich braucht.

Wenn Sie sich das alles überlegt haben, kommt noch eine letzte Frage, die nicht ganz so ausschlaggebend für Ihren Erfolg ist, Sie aber dennoch unterstützen kann. Wer? Wer ist von Ihrem Ziel betroffen? Wer (oder was) könnte sich Ihnen in den Weg stellen? Wer kann Sie unterstützen? Vielleicht gibt es in Ihrer Familie oder in Ihrem Freundeskreis jemanden, der ein ganz ähnliches Ziel hat und mit dem Sie den Weg gemeinsam unternehmen können. So können Sie sich gegenseitig motivieren und von Erfahrungen und schwierigen Phasen berichten. Vielleicht gibt es aber auch jemanden, der es Ihnen besonders schwer macht, Ihr Ziel zu erreichen und der Ihnen eher ein kleines Hindernis ist. Das kann zum Beispiel jemand sein, der Sie immer wieder dazu animiert, zu rauchen oder Alkohol zu trinken oder jemand, der selbst die meiste Zeit des Tages auf der Couch verbringt. Da ist es natürlich schwer, sich nicht beeinflussen zu lassen und nicht auch einfach das Ziel über Bord zu werfen. Finden Sie solche Personen also schon zu Beginn Ihrer Reise und gehen Sie sicher, dass Sie motivierende Menschen an Ihrer Seite haben, die Ihnen auf dem Weg zum Ziel Unterstützung anbieten.

3. Die wichtigsten Dinge für ein glückliches Leben

Selbstdisziplin hat auch viel mit der eigenen Lebenseinstellung zu tun und wenn Sie ein glückliches Leben führen, dann schaffen Sie es besser, diszipliniert zu bleiben. Aber wie soll das gehen? Wenn man sich umschaut und zum Beispiel bei einem Spaziergang durch die Fußgängerzone auf die Gesichter der Menschen achtet, fällt auf, dass die meisten unglücklich schauen und gestresst wirken. Wie können Sie es also schaffen, sich von dieser negativen Stimmung nicht überrennen zu lassen, und wie gelingt es Ihnen zielsicher, glücklich zu sein?

3.1 WARUM SIND DIE MENSCHEN SO UNGLÜCKLICH?

Um die Frage beantworten zu können, wie Sie glücklicher werden, müssen Sie zuerst überlegen, warum Sie es aktuell noch nicht sind. Nehmen Sie sich Zeit, um die Dinge zu finden, die Sie unglücklich machen. Scheinbar läuft in Ihrem Leben etwas nicht so, wie Sie es gerne hätten und aus diesem Grund fehlt Ihnen etwas, um zufrieden zu sein. Vielleicht wurden Ihre Erwartungen an Ihren Job, an sich selbst oder an Freunde nicht erfüllt und jetzt sitzen Sie hier und überlegen, warum Sie nicht einfach glücklich sein können.

Die meisten Menschen haben Schwierigkeiten damit, das Glück als solches zu akzeptieren und wollen immer besser werden. Wenn sie ein Ziel erreicht haben, halten sie nicht inne, um den Erfolgsmoment zu genießen, sondern suchen direkt nach einer neuen Herausforderung. So geht es immer weiter und der Satz „Ich bin glücklich, wenn…" wird stets in die Zukunft verschoben. Durch die soziale Vernetzung und die Möglichkeit, sich immer und überall mit anderen Personen zu vergleichen, bleibt einem eigentlich auch nichts anderes übrig, als immer weiter neue Herausforderungen anzugehen. Der Mensch hindert sich selbst daran, glücklich zu sein, und durch immer weniger Dankbarkeit für kleine Dinge und den Drang, stets mehr haben zu wollen, wird das vermutlich auch erst einmal so weitergehen. Aber damit Sie selbst nicht in diesem Kreislauf gefangen bleiben, folgen nun einige Tipps, wie Sie es schaffen, glücklicher zu werden.

3.2 DIE ACHT GLÜCKSREGELN

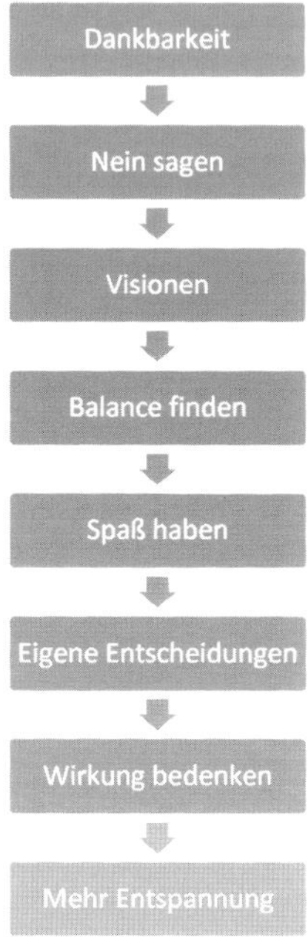

Glücklicher zu sein, ist eigentlich gar nicht so schwer, sobald Sie wissen, worauf Sie achten müssen. Schon kleine Veränderungen im Alltag machen Sie deutlich zufriedener und nachdem Sie die folgenden acht Regeln gelesen haben, werden Sie sicherlich öfter mit einem Lächeln durch die Stadt laufen.

Dankbarkeit

Obwohl wir alle so viel haben und glücklich sein könnten, dass wir in einem sicheren Land leben, ist die Unzufriedenheit ein ständiger Begleiter. Vielleicht gab es beim Bäcker nicht mehr das Lieblingsbrot, ein anderer Autofahrer hat einem die Vorfahrt genommen oder es regnet mal wieder wie aus Eimern. Egal, wie unbedeutend der Grund auch ist, schon Kleinigkeiten führen zu schlechter Laune und Unzufriedenheit. Wir wollen, dass alles perfekt läuft, und beschweren uns immer wieder, wenn das nicht der Fall ist. Bestimmt erinnern auch Sie sich jetzt an Situationen, in denen Sie selbst jemand anderen beschimpft haben, nur weil er Ihnen den

Parkplatz vor der Nase weggeschnappt hat oder das letzte Stück Kuchen beim Bäcker bekommen hat. Ich gebe Ihnen jetzt einmal eine kleine Aufgabe und Sie sollen sich zehn Minuten Zeit nehmen, um zu überlegen, was in der letzten Woche schlecht gelaufen ist, worüber Sie sich also geärgert haben, und was in der gleichen Zeit gut funktioniert hat, worüber Sie sich also gefreut haben. Lesen Sie jetzt nicht gleich weiter, sondern klappen Sie das Buch kurz zu und nehmen Sie einen Zettel und einen Stift zur Hand, um dafür eine kleine Tabelle anzufertigen.

Wenn Sie jetzt weiterlesen, hoffe ich, dass Sie meiner Aufforderung gefolgt sind und eine Tabelle mit positiven und negativen Momenten erstellt haben. Schauen Sie sich diese Tabelle nun noch einmal genau an und vergleichen Sie die „gute" und die „schlechte" Seite. Ich bin mir ziemlich sicher, dass die Seite mit den Enttäuschungen um einiges länger ist und Sie mehr Punkte gefunden haben, über die Sie sich in der letzten Woche geärgert haben. Das muss Ihnen auch nicht unangenehm sein, denn den meisten Menschen geht es so, dass Sie negative Erinnerungen viel besser im Gedächtnis behalten. Wenn Sie zum Beispiel morgens aus dem Haus gehen und sehen, dass Ihr Auto total zugeparkt wurde, kann das Ihren ganzen Tag ruinieren. Andersherum würde es Ihnen aber wahrscheinlich gar nicht auffallen, wenn keiner neben Ihnen geparkt hat und Sie freie Fahrt haben. Die guten Dinge sehen wir in vielen Fällen als Normalzustand an und der eigentliche Normalzustand, dass es nun mal viel zu wenige Parkplätze gibt, wird automatisch als schlecht angesehen.

Aber auch wenn jetzt auf Ihrer Seite mit schlechten Erlebnissen noch einiges mehr steht, heißt das nicht, dass Sie nichts daran ändern können. In der Vergangenheit haben Sie sich über diese Dinge aufgeregt und das können Sie nicht mehr ungeschehen machen, aber Sie können daraus für die Zukunft lernen. Sie entscheiden schließlich selbst, welche Wirkung ein Ereignis auf Sie hat, und Sie können schon jetzt damit anfangen, dankbarer zu sein. Das heißt nicht, dass Sie sich für jede Kleinigkeit ausdrücklich bedanken müssen, sondern es reicht schon, wenn Sie nicht alles als selbstverständlich ansehen. Wenn Sie zum Beispiel mal wieder im strömenden Regen nach der Arbeit mit dem Auto im Stau stehen, könnten Sie sich jetzt wirklich ärgern und den restlichen Tag nur noch schlechte Laune haben, weil Sie vielleicht eine halbe Stunde später heimgekommen sind als geplant. Stattdessen könnten Sie aber auch froh darüber sein, dass Sie nicht mit dem Fahrrad zur Arbeit fahren müssen, oder Sie können dankbar sein, weil Sie jetzt schon heimfahren dürfen und nicht noch Überstunden machen müssen. Viele Dinge, die für uns selbstverständlich geworden sind, haben eigentlich trotzdem noch einen sehr hohen

Wert und wir sollten immer daran denken, dass es auch viel schlimmer sein könnte.

Nein ist auch eine Option

Wenn Sie von Ihrem Arbeitskollegen gefragt werden, ob Sie heute länger machen können, weil er gerne früher nach Hause gehen würde, um mit seiner Frau Jahrestag zu feiern, dann fällt es Ihnen bestimmt schwer, Nein zu sagen. Auch wenn Sie einen entspannten Abend auf der Couch mit Ihrer Lieblingsserie und Ihrer Freundin oder Ihrem Freund geplant haben, wollen Sie nicht schuld daran sein, dass Ihr Kollege den Abend nicht mit seiner Frau verbringen kann. Sie stellen damit Ihre Bedürfnisse hinter seine. Das passiert nicht nur dann, wenn Ihr Arbeitskollege Sie fragt, ob er früher gehen darf, sondern auch bei alltäglichen Dingen. „Kannst Du mir schnell mal helfen?“, ist sicherlich der Satz, bei dem wir alle am meisten in die Falle tappen und uns denken, dass wir doch unsere Arbeit kurz unterbrechen können. Obwohl Ihr Kopf Ihnen vielleicht sagt, dass Sie gar keine Lust dazu haben und viel lieber Ihre eigene Arbeit fertigmachen wollen, können Sie einfach nicht Nein sagen.

Das zugrundeliegende Problem ist folgendes: Sie wissen, dass auch Sie ab und zu Hilfe brauchen oder erinnern sich sogar direkt an eine Situation, in der ein Kollege oder ein Freund Ihnen geholfen hat. Nun fühlen Sie sich dazu verpflichtet, auch ihm zu helfen und haben Angst, dass er sonst vielleicht enttäuscht oder sauer ist. Sie wollen aber gerne weiterhin von Ihren Freunden gemocht werden und Ihnen ist es wichtig, dass Sie ein gutes Verhältnis miteinander haben. Wir wurden alle so erzogen und sind meistens so veranlagt, dass wir anderen Menschen helfen wollen, wenn sie uns nach Hilfe fragen.

An sich ist das auch gut so und ich sage nicht, dass Sie aufhören sollen, hilfsbereit zu sein, sondern ich empfehle Ihnen, auf Ihre eigenen Bedürfnisse zu achten. Es ist auch in Ordnung, wenn Sie Nein sagen und Sie sich um sich selbst kümmern, denn auch Sie brauchen ab und an mal Ruhe oder Zeit, um schöne Dinge zu erleben. Sie können nicht glücklich werden, wenn Sie nur für Ihre Mitmenschen leben und sich nicht um Ihre eigene psychische und körperliche Gesundheit kümmern. Zwar werden Sie dann von Ihren Freunden, Kollegen oder anderen Mitmenschen sehr wertgeschätzt, doch gehen Sie selbst daran kaputt und verlieren immer mehr den Anschluss zu sich.

Lernen, Nein zu sagen

Nicht jeder kann von Anfang an einfach Nein sagen, wenn er nach Hilfe gefragt wird, und es muss tatsächlich gelernt werden, Absagen richtig zu formulieren. Oft ist nämlich nicht unbedingt die Sorge, dass der andere genervt ist, das entscheidende Hindernis, sondern die Überlegung, wie man die Absage am besten formuliert. Damit Ihnen das in Zukunft aber nicht immer wieder passiert und Sie endlich eine Lösung finden, um aus diesem Kreislauf herauszukommen, finden Sie hier noch eine passende Übung.

Überlegen Sie sich dafür zuerst einmal ein paar Situationen aus den letzten Wochen, in denen Sie zwar Ja gesagt haben, aber eigentlich Nein sagen wollten. Das können auch ganz einfache Dinge gewesen sein, zum Beispiel, wenn es darum ging, wer den Abwasch macht. Notieren Sie sich anschließend die Fragen, die Ihnen damals gestellt wurden und überlegen Sie, was Sie stattdessen hätten antworten können.

„Vielen Dank für die Einladung, aber leider kann ich nicht kommen."

„Es tut mir sehr leid, aber gerade habe ich einfach keine Zeit."

„Ich habe leider selbst schon etwas vor, aber vielleicht können wir einen Kompromiss finden."

Es gibt viele Möglichkeiten, wie Sie auf Hilfefragen oder Einladungen, die Ihnen gerade nicht so passen, reagieren können. Wichtig dabei ist aber vor allem, dass Sie sich nicht rechtfertigen müssen. Es ist in Ordnung, wenn Sie einfach keine Lust oder schon etwas anderes geplant haben. Sie führen Ihr eigenes Leben und leben nicht, um jemand anderen glücklich zu machen. Wenn es Ihnen am Anfang aber noch zu unangenehm ist, einfach Nein zu sagen, können Sie – wie im letzten Beispiel – auch vorschlagen, dass Sie sich auf einen Kompromiss einigen. Statt Überstunden zu machen, damit der Kollege früher gehen kann, können Sie auch beide zusammen die letzten Aufgaben erledigen und versuchen, gemeinsam möglichst pünktlich heimzugehen. Oder wenn Sie keine Lust auf eine Party haben, können Sie auch vorschlagen, dass Sie sich mit Ihrem Freund doch lieber auf ein Glas Bier oder Wein in Ruhe treffen wollen.

Fangen Sie an, für Ihre Bedürfnisse einzustehen, und üben Sie immer wieder, auch mal Nein zu sagen.

Visionen erschaffen

Glücklich zu sein bedeutet auch, Ziele zu haben, die man erreichen will, und einen Grund zu haben, morgens aufzustehen. Sie leben nicht nur, um zu arbeiten oder um die Wünsche von anderen zu erfüllen. Überlegen Sie sich, was Sie in Ihrem Leben erreichen wollen, und fragen Sie sich, was es neben der Arbeit noch geben soll. Natürlich können Sie das Arbeiten nicht vollständig beenden, aber sehen Sie es nicht als komplette Lebensgrundlage an, sondern eher als Mittel zum Zweck. Es ist toll, wenn Ihnen Ihr Beruf Spaß macht und Sie gerne auf die Arbeit gehen, aber um wirklich glücklich sein zu können, braucht es oft noch mehr als das. Erschaffen Sie Ihre eigenen Visionen und beginnen Sie damit, ihnen jeden Tag einen Schritt näher zu kommen. Wenn Sie kreativ veranlagt sind, können Sie sich auch eine Collage erstellen oder ein Bild malen, um Ihre Vision zu verdeutlichen und immer an sie erinnert zu werden. Vielleicht wollten Sie schon immer mal nach Italien ans Meer oder in die Stadt der Liebe, nach Paris. Vielleicht wünschen Sie sich aber auch, einmal in Ihrem Leben eine mehrtägige Wanderung abseits des Alltagstrubels zu machen oder eigene Hühner zu haben. Finden Sie heraus, was Sie sich wirklich wünschen, und machen Sie den Weg frei, um Ihre Visionen zu erfüllen.

Die richtige Balance finden

Nicht nur Ihre psychische Gesundheit, auch Ihre körperliche Gesundheit spielt eine große Rolle, wenn es darum geht, glücklich zu werden. Dabei geht es hier nicht unbedingt um Erkältungen, eine Infektion oder ähnliche Erkrankungen, sondern um die langfristige Gesundheit, die auf der richtigen Balance von Essen und Sport aufbaut. Der Satz „Du bist, was du isst" beschreibt die Situation schon sehr gut, und wenn Sie auf eine ausgewogene Ernährung achten, können Sie viel erreichen. Das Tolle an einer guten Balance ist außerdem, dass Sie nicht im vollständigen Verzicht leben müssen und Süßigkeiten oder Speisen wie Pizza und Burger komplett streichen müssen. Schließlich bedeutet Balance, dass Sie sich allgemein gesund ernähren und eben nicht nur von Fast Food und Süßigkeiten. Durch die richtige Ernährung werden in Ihrem Körper Glückshormone freigesetzt, und wenn Sie zusätzlich noch Sport treiben, verstärken Sie den Effekt deutlich. Nach einem kleinen Workout oder einer Einheit im Fitnessstudio fühlen Sie sich sicherlich wieder fitter und haben neue Energie, um weitere Aufgaben zu meistern. Vor allem Sport an der frischen Luft hilft, um den Kopf wieder freizubekommen und Platz für neue Gedanken zu schaffen. Aber wie gesagt, Sie müssen jetzt nicht jeden Tag eine Stunde joggen gehen oder sich nur noch von Obst und Gemüse ernähren, sondern Sie müssen die richtige Balance für sich finden.

Die „falsche" Ernährung und zu wenig Bewegung führen häufig dazu, dass Sie Stimmungsschwankungen und ein Motivationstief nach dem anderen haben. Noch dazu meldet sich danach oft das schlechte Gewissen und drückt Ihre Stimmung zusätzlich in den Keller. Probieren Sie doch einfach mal ein paar neue Rezepte, gehen Sie mit Freunden zusammen Sport machen oder versuchen Sie, weniger Alkohol und ungesunde Nahrungsmittel zu sich zu nehmen. Schon nach wenigen Wochen wird Ihnen Ihr Körper ein positives Feedback geben und Sie werden glücklicher und motivierter durch den Alltag gehen.

Der Spaß im Fokus

Immer nur am Schreibtisch oder in der Arbeit zu sitzen und eine Aufgabe nach der anderen zu erledigen, macht Sie vielleicht erfolgreich, aber nicht unbedingt glücklich. Vielleicht schaffen Sie es damit, viel Geld zu verdienen und eine Beförderung zu bekommen, aber in den meisten Fällen bleibt eine ganz wichtige Sache auf der Strecke: Sie selbst.

Das Leben besteht nicht nur aus Arbeit und Aufgaben, die es zu erledigen gilt, sondern es gibt so viele andere schöne Dinge und die sollten Sie auf keinen Fall aus den Augen verlieren. Das überstürzte Arbeiten dient bei vielen Menschen als Vermeidungsstrategie und vielleicht kennen Sie es auch von sich selbst, dass Sie lieber beschäftigt sind, als sich Gedanken über Ihr Leben zu machen. Wenn etwas nicht so gut läuft und Sie gerade unglücklich sind, dann nutzt Ihr Gehirn die Arbeit gerne, um sich abzulenken und sich nicht weiter mit dem Problem zu beschäftigen. Aber damit soll jetzt Schluss sein! Auf langfristige Sicht werden Sie mit dieser Einstellung nicht glücklich. Und ist das Leben nicht viel schöner, wenn es auch Momente zum Lachen und Spaß haben gibt?

Natürlich ist es schwer, von jetzt auf gleich den Schalter umzulegen. Wenn Sie sich schon lange an diese Vermeidungsstrategie gewöhnt haben, brauchen Sie vermutlich eine schrittweise Entwöhnungsphase. Aber keine Sorge, zwar wird es am Anfang schwer sein, sich mit den Gefühlen und der plötzlichen Freizeit auseinanderzusetzen, doch im Nachhinein werden Sie unglaublich erleichtert sein, dass Sie diesen Schritt gegangen sind.

Um Ihre eigentliche Routine zu verändern und es zu schaffen, sich nicht immer in die Arbeit zu stürzen, gibt es mehrere kleine Schritte, die Sie gehen können. Ganz am Anfang steht sicherlich die größte Hürde, denn Sie müssen damit beginnen, sich mit dem zu konfrontieren, vor dem Sie die ganze Zeit weglaufen. Dafür sollten Sie sich unbedingt ein paar Tage Zeit nehmen und sich vielleicht auch mit ein paar engen Freunden zusammensetzen. Sie werden vermutlich erst einmal von einer Welle an Gefühlen überrollt, doch sobald diese langsam abflacht, werden Sie merken, wie gut es getan hat, sich dem Ganzen entgegenzustellen. Nachdem Sie die Tore geöffnet haben, werden Sie merken, wie viel Ihnen die letzten Wochen und Monate entgangen ist und wie viel schöner das Leben sein könnte, wenn Sie sich nicht nur Hals über Kopf in die Arbeit stürzen würden. Suchen Sie vielleicht auch nach einem neuen Hobby oder lassen Sie ein altes wieder aufleben. Finden Sie Dinge, die Ihnen Spaß machen und Energie bringen, anstatt Ihnen Energie zu nehmen. Es gibt so viele Dinge, die das Leben bereichern können und schon durch regelmäßige Spieleabende, Telefonate mit Freunden oder durch das Lernen eines Instruments können Sie wieder mehr Spaß haben und zurück zum Glück finden.

Ihr Leben, Ihre Entscheidungen

Schon der dritte Punkt handelte vom Thema „Nein sagen", doch hier soll es nun noch einmal etwas genauer darum gehen und Sie werden lernen, wie wichtig ein selbstbestimmtes Leben ist. Die meisten Menschen sind unglücklich, weil sie nicht ihre eigenen Entscheidungen treffen, sondern sich nur Gedanken darüber machen, was andere denken könnten. Sie entscheiden sich immer nur für die Dinge, die von der Gesellschaft, von Freunden oder von den Eltern akzeptiert werden und leben nicht ihr eigenes Leben.

Sicherlich kennen Sie auch Momente, in denen Sie sich zu viele Gedanken darüber gemacht haben, was andere denken könnten, und am Ende standen Ihnen diese Sorgen im Weg zu einem glücklichen Leben. Vielleicht ging es dabei um die Wahl einer Wohnung, um die Freizeitgestaltung oder sogar um die Entscheidung für einen Arbeitsplatz. Unsere Vorstellung von einem „normalen" Leben sieht nun mal so aus, dass man zur Schule geht, gleich eine Ausbildung oder ein Studium anfängt, nebenbei am besten schon ein bisschen Geld verdient, mit dem fertigen Abschluss eine tolle Karriere macht und gleichzeitig auch noch eine Familie gründet. „Wie, du machst erst mal Pause und überlegst, was du studieren willst? Was sagst du da, du willst keine eigene Familie gründen? Hast du dir das wirklich gut überlegt? Einfach mal nichts machen geht doch nicht, wo soll da denn das Geld herkommen?" Solche Sätze muss man sich immer wieder anhören, falls man doch mal von diesem Normalbild abweicht, und da ist es doch von Anfang an viel einfacher, sich der Meinung anderer anzupassen. Aber macht Sie das wirklich zu einem glücklichen Menschen? Sind Sie zufrieden damit, immer nur den Vorstellungen von anderen zu folgen? Wenn Sie es sich genau überlegen, lautet Ihre Antwort bestimmt Nein, und zu gerne würden Sie aus dieser Schleife ausbrechen, was tatsächlich nicht so schwer ist, wie Sie denken. Überlegen Sie sich doch einmal, was es ändern würde, wenn Sie nicht mehr nur auf Ihre Freunde oder Eltern hören. Natürlich befürchten Sie dann, sie zu enttäuschen oder einen schlechten Eindruck zu machen, aber Freunde, die Sie nur akzeptieren, wenn Sie das machen, was von Ihnen erwartet wird, sind keine richtigen Freunde. Sie sollten frei entscheiden dürfen, wie Sie Ihr Leben gestalten wollen und jeder, der das nicht akzeptieren kann, ist selbst schuld. In den meisten Fällen sind die anderen nur neidisch, weil sie es selbst noch nicht geschafft haben, ihren eigenen Weg zu gehen. Befreien Sie sich also von dem Ballast, der Ihnen von der Gesellschaft aufgedrängt wird, und gehen Sie Ihren eigenen Weg, um glücklich zu werden.

Auf eine Aktion folgt immer eine Reaktion

Diesen Satz müssen Sie sich unbedingt merken, wenn Sie in Ihrem Leben und im Leben von anderen etwas verändern wollen. Nichts, was Sie tun, bleibt unbemerkt, und auf jede kleinste Ursache folgt eine Wirkung. Egal, ob Sie nur jemanden an der Kasse vorlassen, für jemanden die Tür aufhalten oder einer Freundin eine liebe Nachricht schicken, schon mit kleinen Dingen können Sie anderen ein Lächeln ins Gesicht zaubern und dabei selbst glücklicher werden. Das Leben ist ein ständiger Wechsel aus Geben und Nehmen und je mehr Sie anderen geben, desto mehr bekommen Sie auch zurück. Dabei geht es nicht nur um materielle Dinge, sondern vielmehr um schöne Momente, kleine Gefallen oder ein einfaches Lächeln.

Heutzutage denken die Menschen viel zu sehr nur an ihre eigenen Bedürfnisse, und da kann es den ganzen Tag verbessern, wenn jemand an einen denkt und zum Beispiel eine nette Nachricht hinterlässt. Um andere glücklich zu machen, braucht es meistens nicht viel, und der Bonus ist, dass auch Sie selbst dadurch glücklicher werden. Vielleicht braucht ein Freund Hilfe beim Umzug oder Ihre Mutter hat mal erwähnt, dass ihr Fahrradlicht nicht mehr funktioniert. In solchen Momenten können Sie Ihre Hilfe anbieten und damit etwas tun, das leider keine Selbstverständlichkeit ist: nicht immer nur an sich selbst denken. Wenn Sie Glück säen, werden Sie auch Glück ernten. Aus diesem Grund sollten Sie immer mit offenen Augen und einem offenen Herzen durchs Leben gehen.

Mehr Entspannung und weniger Denken

Als achter und letzter Punkt kommt noch ein ganz entscheidendes Thema zur Sprache, das Ihnen nicht nur hilft, glücklicher zu werden, sondern auch in anderen Lebenslagen ein guter Begleiter ist. Wer kennt es nicht, so in seinen eigenen Gedanken gefangen zu sein, dass man scheinbar unfähig ist, zu handeln? Zu oft denkt man viel zu lange über alles nach und versucht, alle möglichen Komplikationen aus dem Weg zu räumen und es allen recht zu machen. Aber die Wahrheit ist, dass es keinen Weg gibt, immer alle zufriedenzustellen. Es wird immer jemanden geben, der eine andere Meinung hat oder einfach aus Prinzip gegen alles stimmt. Sie sollten sich davon losreißen, die schönen Momente im Leben kaputtzudenken und aufhören, Dinge zu bereuen. Versuchen Sie, entspannter durchs Leben zu gehen, und werden Sie sich bewusst darüber, dass es Ihr Leben ist.

Meditation, Yoga oder Achtsamkeitsübungen können dabei helfen und je öfter Sie eine Entspannungsübung machen, desto mehr kommen Sie innerlich zur Ruhe. Im Alltag können schon Kleinigkeiten dazu führen, dass der ganze Tag im Eimer ist. Wer nicht mit Ruhe und Achtsamkeit versucht, sich dagegen zu wehren, wird auch in Zukunft immer wieder auf ähnliche Probleme stoßen. Aber nehmen Sie sich doch jetzt mal ein paar Minuten Zeit und reisen Sie ganz weit in die Zukunft. Stellen Sie sich vor, Sie sind schon über achtzig und Ihr Leben neigt sich langsam dem Ende zu. Sie sitzen mit Ihrem Enkelkind, Ihrer Nichte oder mit irgendjemand anderem auf einer schönen Bank und da fragt Ihre Begleitung plötzlich, wie es für Sie ist, dem Tod entgegenzugehen und ob Sie denn glücklich damit sind, was Sie in Ihrem Leben erlebt haben.

Sie halten einen Moment inne und fangen an, über alles nachzudenken, was Ihnen in den letzten Jahrzehnten passiert ist. Wollen Sie sich dann wirklich nur daran erinnern, wie Sie wegen jeder Kleinigkeit aus der Bahn geworfen wurden oder sich selbst die schönen Dinge im Leben durch zu viel Denken verbaut haben? Oder wollen Sie vielleicht lieber daran denken, wie Sie zum Beispiel jemanden im Zug angesprochen haben, den Sie attraktiv fanden oder wie Sie einfach mit dem Auto Ihrer Eltern für ein paar Tage in den Urlaub gefahren sind, ohne etwas zu sagen? Soll das Leben nicht auch aus schönen Dingen bestehen und aus spontanen Entscheidungen? Fangen Sie an, mit mehr Gelassenheit durchs Leben zu gehen und genießen Sie jede Sekunde, denn es gibt viele, die alles für so eine große Entscheidungsfreiheit geben würden.

3.3 DER GLÜCKSKREISLAUF

Nachdem Sie auf den vergangenen Seiten viel über das Glücklichsein gelernt haben und optimal dafür ausgestattet sind, selbst glücklicher zu werden, führt Sie dieses Kapitel wieder zurück zum eigentlichen Thema. In diesem Buch soll es schließlich um Selbstdisziplin gehen und nicht nur darum, wie Sie selbst ein glücklicheres Leben führen können. Doch wenn Sie beim Lesen gut aufgepasst haben, werden Sie vielleicht gemerkt haben, dass beide Dinge eng miteinander verknüpft sind. Wenn Sie nicht glücklich oder zumindest zufrieden in Ihrem aktuellen Leben sind, wird es Ihnen auch sehr schwerfallen, selbstdiszipliniert zu sein. Andersherum wird es Ihnen aber auch nicht so leicht gelingen, glücklich zu werden, wenn Sie keine oder nur wenig Selbstdisziplin haben.

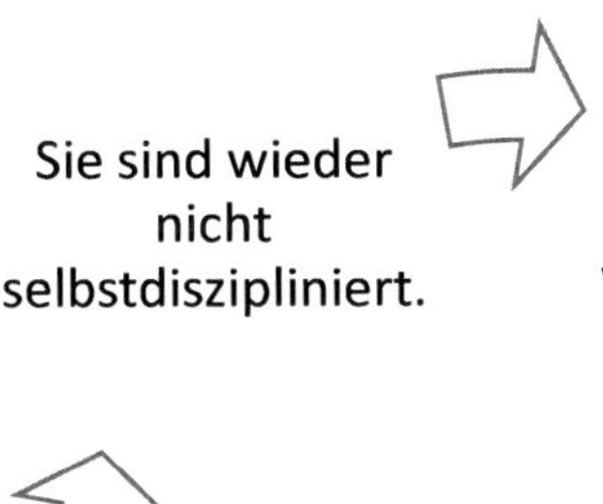

Sie haben sich nicht an Ihre Vorsätze gehalten.

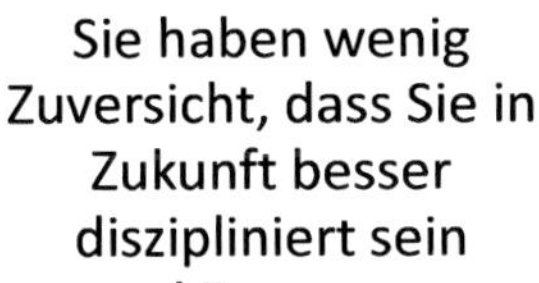

Sie sind unglücklich und unzufrieden.

Dieser Kreislauf muss natürlich nicht unbedingt negativ ausgelegt werden, doch lassen sich so die Zusammenhänge etwas besser verdeutlichen. Neben der Selbstdisziplin und dem Glück spielt in diesem Kreislauf auch die Motivation eine wichtige Rolle. Sie dient sozusagen als Motor und wird von Glück und Disziplin entweder gebremst oder beschleunigt. Sie können sich die Situation auch sehr gut bildlich vorstellen, indem Sie die Motivation als Kutscher sehen, der mit zwei Pferden, der Selbstdisziplin und dem Glück, unterwegs ist. Zieht eins der Pferde stärker in eine Richtung, folgt das andere auch und schließt sich an. Wenn aber das andere Pferd stärker zieht, folgen alle ihm und es entscheidet, wo es langgeht. Der Kutscher, also die Motivation, hat dabei die Fähigkeit, die Pferde zu lenken, ist gleichzeitig aber auch auf sie angewiesen. Allein würde er nie so schnell vorwärtskommen und auch wenn die Pferde nicht das tun, was er will, sitzt er in der Klemme.

Auf den Punkt gebracht heißt das also, dass es Ihnen um einiges leichter fallen wird, selbstdiszipliniert zu werden und zu bleiben, wenn Sie schon von Anfang an zufrieden mit sich selbst sind und darauf vertrauen, dass Sie alles schaffen können, was Sie sich vorgenommen haben.

4. Die Willenskraft als Motor der Selbstdisziplin

So, jetzt wissen Sie aber genug Dinge, um sich endlich mit dem eigentlichen Thema Selbstdisziplin auseinandersetzen zu können. Wenn Sie sich den Inhalt der letzten Kapitel aufmerksam durchgelesen haben und auch schon versucht haben, einige Dinge in Ihr Leben zu übertragen, steht Ihnen nun nichts mehr im Weg. In den nächsten Kapiteln werden Sie lernen, wie Sie mehr Selbstdisziplin erlangen können und in welchen Bereichen Ihnen mehr Disziplin helfen kann.

Dafür ist es vor allem wichtig, dass Sie den Motor der Selbstdisziplin aktivieren, die Willenskraft. Ausdauer, Entschlossenheit, Zielstrebigkeit und Tatkraft sind Merkmale der Willenskraft und sie sind nötig, damit Sie Ablenkungen und Hindernisse auf Ihrem Weg zum Ziel einfacher überwinden können. Selbstdisziplin ist schließlich vor allem dann gefragt, wenn Sie etwas machen, worauf Sie wenig Lust haben oder etwas nicht machen, was Sie eigentlich gerne machen würden. Lernen, Arbeiten, Sport treiben, auf Schokolade verzichten... Das alles können Dinge sein, von denen Sie zwar wissen, dass sie gut für Sie sind, auf die Sie allerdings nur wenig Lust haben. Wenn Sie dann also mal wieder vor dem Regal mit Süßigkeiten stehen und zu einer Tafel Schokolade greifen wollen, brauchen Sie die eben beschriebene Willenskraft, um Ihrem Bedürfnis nicht nachzugehen.

Willenskraft wird oft auch im Zusammenhang mit dem Überwinden von Gewohnheiten oder unerwünschten Verhaltensweisen gesehen und spielt damit eine große Rolle im Bereich Ess- und Trinkgewohnheiten, beim Überwinden von Ängsten oder dem Ausbrechen aus einem wiederkehrenden Kreislauf. Je stärker Ihre Willenskraft ist, desto besser halten Sie Stresssituationen aus und desto erfolgreicher können Sie mit Situationen umgehen, die emotional belastend sind. Zusätzlich haben Menschen mit einer ausgeprägten Willenskraft oft auch ein gutes Selbstbewusstsein und eine bessere Beziehung zu sich selbst. Durch die starke Willenskraft bleiben sie länger an der Verfolgung ihrer Ziele dran und ihre eigenen Bedürfnisse sind ihnen mindestens genauso wichtig wie die von anderen. Es lässt sich also schlussfolgern, dass diese Menschen dadurch ein glücklicheres und erfolgreicheres

Leben führen können und dass es gut ist, die eigene Willenskraft und Selbstdisziplin immer weiter zu fördern. Zum Glück gibt es inzwischen schon eine lange Liste an Übungen, wie Sie schnell und effizient Ihre Willenskraft stärken können, und nach nur wenigen Wochen werden Sie schon eine deutliche Veränderung wahrnehmen. Bevor es also mit den Gründen weitergeht, selbstdiszipliniert zu sein und Sie die Bereiche kennenlernen, für die es sich zu kämpfen lohnt, finden Sie auf den folgenden Seiten noch zehn ausgewählte Übungen, die Sie immer wieder in Ihren Alltag einbauen können.

4.1 DAS MARSHMALLOW

Die wohl bekannteste Übung, um die Selbstdisziplin zu stärken, ist die Marshmallow-Übung, die von Forschern der University of Rochester entwickelt wurde. Dabei muss die Übung nicht unbedingt mit einem Marshmallow durchgeführt werden, sondern Sie können auch Schokolade, Gummibärchen oder irgendeine andere Süßigkeit verwenden, die Sie gerne essen. Diese Süßigkeit legen Sie nun auf den Tisch vor sich und fangen zum Beispiel damit an, endlich mal die Steuererklärung zu machen oder Ihre Emails zu beantworten. Während Sie Ihre Aufgaben erledigen, dürfen Sie das Stück Schokolade oder das Marshmallow nicht essen. Sie wissen zwar, dass es die ganze Zeit neben Ihnen liegt und Sie so gerne einfach hineinbeißen würden, aber erst, wenn Sie Ihre Arbeit gemacht haben, dürfen Sie es nehmen. Dann bekommen Sie sogar noch ein weiteres Stück dazu und dürfen beide essen.

Sie haben also die Wahl, ob Sie gleich das eine Marshmallow essen oder ob Sie lieber diszipliniert bleiben und dafür zwei genießen. Wenn Ihr Bedürfnis nach der Süßigkeit stärker als die Ablenkung und Ihr Durchhaltevermögen ist, dann werden Sie es wahrscheinlich nicht schaffen, standhaft zu bleiben, und essen das eine Marshmallow. Haben Sie aber schon lang genug trainiert oder von Anfang an eine ausgeprägtere Selbstdisziplin, dann wird es Ihnen mit Sicherheit nicht ganz so schwerfallen. Eine Steigerung wäre noch, dass Sie sich nicht mit irgendeiner Arbeit ablenken, sondern einfach nur dasitzen und für eine halbe Stunde nichts tun.

Durch die Langweile wird sich Ihr Kopf mehr mit der Süßigkeit beschäftigen, die zum Greifen nah ist, und Sie werden einen ständigen inneren Konflikt haben, ob Sie nun das eine Marshmallow essen oder auf das zweite warten. Je öfter Sie die Übung durchführen, desto größer legen Sie das Zeitintervall fest, in dem Sie warten müssen, und irgendwann können Sie es auch ohne die Belohnung durch das zweite

Stück versuchen. Wie Sie vorhin gelernt haben, ist es nicht so gut, wenn Sie immer nur eine extrinsische Motivation haben. Daher sollten Sie auch ausprobieren, ob Sie das Ziel ohne Belohnung erreichen können.

Falls Süßigkeiten für Sie nicht die passende Ablenkung sind und Sie schon von Anfang an wissen, dass Ihnen das Warten nicht so schwerfallen wird, können Sie es stattdessen auch mit dem Handy versuchen. Zigaretten würden sich ebenfalls für diese Übung eignen, allerdings ist das Rauchen auch eine körperliche Sucht und es ist deutlich schwerer, diesem Bedürfnis Widerstand zu leisten.

4.2 JE EINFACHER, DESTO BESSER

Warum soll man sich es unnötig kompliziert machen, wenn es auch einfache Methoden gibt, um diszipliniert zu bleiben? Wenn Sie wissen, dass Sie bei bestimmten Dingen einfach nicht diszipliniert bleiben können, dann räumen Sie diese doch möglichst gut auf. Vielleicht fällt es Ihnen beim Arbeiten immer schwer, nicht ständig aufs Handy zu schauen, oder Sie wissen einfach nicht, wie Sie der Schokolade widerstehen sollen, die seit Wochen bei Ihnen im Schrank liegt. Aber dafür gibt es eine ganz einfache Lösung. Wenn kein Handy in Reichweite ist, dann kann es Ihnen auch nicht als Ablenkung dienen und Sie sind fast dazu gezwungen, Ihre Aufgaben zu erledigen. Bei der Schokolade ist es ganz ähnlich, denn wenn Sie keine Schokolade zu Hause haben, dann können Sie sich auch nicht die ganze Zeit überlegen, ob Sie diese nun essen oder nicht.

Diese Strategie funktioniert auch bei anderen Dingen, für die Sie eher Motivation brauchen und auch beim Sport oder beim Putzen können Sie diese Taktik anwenden. Diskutieren Sie zum Beispiel mal wieder ununterbrochen mit sich selbst, ob Sie nun zum Sport gehen oder sich auf die Couch setzen sollen, dann kann ein fester Plan helfen. Sie können zum Beispiel festlegen, dass Sie sich immer erst ab 20 Uhr auf die Couch setzen und die Zeit davor effizient nutzen, um noch etwas Sport zu machen. Wenn Sie aber wissen, dass dieser Plan eine große Herausforderung sein wird, können Sie auch Ihren Fernseher so einstellen, dass er nur innerhalb eines bestimmten Zeitraums funktioniert, oder Sie schalten einfach das WLAN für eine gewisse Zeit aus. Machen Sie es sich einfacher, indem Sie Ablenkungen und Vermeidungsmöglichkeiten von Anfang an aus dem Weg räumen.

Diese Übung ist zwar sehr effektiv und vor allem für den Einstieg gut geeignet, allerdings vermeiden Sie dabei die Ablenkungen und es kann sein, dass Sie lernen, nur selbstdiszipliniert zu sein, wenn es keine andere Möglichkeit gibt. Wenn das bei Ihnen der Fall sein sollte, dann sollten Sie sich anschließend stückweise auch daran gewöhnen, in Gegenwart der möglichen Ablenkung diszipliniert zu bleiben. So gehen Sie sicher, dass Sie auch in anderen, ungewohnten Situationen auf Ihre Willenskraft zurückgreifen können und Sie müssen nicht erst wieder in jeder Situation von vorne anfangen.

4.3 MIT DEM ZIEL VOR AUGEN

Die zentrale Frage für mehr Selbstdisziplin, die schon wiederholt in diesem Buch behandelt wurde, lautet nicht unbedingt, wie Sie es schaffen, sondern, warum Sie es schaffen wollen. Anscheinend ist Ihnen ein Ziel so wichtig, dass Sie dafür kämpfen wollen und es irgendwie schaffen möchten, dieses Ziel zu erreichen. Vielleicht wissen Sie aktuell weder, wie Sie es erreichen können, noch wieso es Ihnen so wichtig ist, doch darüber werden Sie sich schnell klar werden. Wichtig – und zeitsparend – ist aber, dass Sie zuerst die Frage nach dem Warum beantworten, bevor Sie mit der Wegplanung beginnen.

Wieso haben Sie sich dieses Ziel gesetzt? Welchen Grund gibt es, dass Sie ausgerechnet jetzt gesünder und glücklicher leben wollen? Warum haben Sie sich dazu entschlossen, in Zukunft mehr auf sich zu achten? Wenn Sie diese Fragen für sich beantworten können, wird es Ihnen deutlich leichter fallen, auch über mehrere Wochen diszipliniert zu bleiben. Denken Sie wieder daran, wie Sie sich vorhin Ihr Ziel genau vorstellen sollten und wie Sie sich in die Situation versetzt haben, nachdem Sie die Zielgerade überschritten haben. Dieses Gefühl müssen Sie bei dieser Übung immer wieder aktivieren. Wenn Sie zum Beispiel eine Nachricht von einem Kollegen bekommen, der Sie schon das x-te Mal um einen Gefallen bittet, müssen Sie sich in Erinnerung rufen, dass Sie sich mehr um sich selbst kümmern wollten. Sie können durchaus überlegen, ob Sie dem Kollegen helfen oder nicht, dabei sollten Sie aber immer Ihr eigenes Ziel vor Augen haben und überlegen, wie es Ihnen gehen könnte, wenn Sie sich nicht wieder zu etwas verpflichten, das Sie eigentlich nicht wollen.

Die Fähigkeit, sich in Gefühle hineinzuversetzen und sich auszumalen, wie es sein könnte, wenn Sie diszipliniert bleiben, ist für die Umsetzung dieser Übung besonders wichtig. Je besser Ihre Vorstellungskraft ist und je deutlicher Sie sich Ihr Ziel ausmalen, desto besser können Sie die Übung durchführen.

4.4 DER ÜBERREDUNG WIDERSTEHEN

Vielleicht sehen Sie Ihre Selbstdisziplin schon jetzt schwinden, wenn Sie an Ihre Freunde oder Kollegen denken und überlegen, wie Sie es schaffen sollen, Willenskraft zu zeigen, wenn Ihnen mal wieder jeder eine Süßigkeit, ein Glas Alkohol oder Ähnliches unter die Nase hält. In solchen Situationen ist es wirklich schwer, standhaft zu bleiben, schließlich will man am Ende auch nicht als Spaßverderber oder Außenseiter dastehen. Sie können solchen Momenten aber auch ganz geschickt entgehen, indem Sie Ihren Freunden, Ihrer Familie oder auch Ihren Arbeitskollegen erzählen, dass Sie gerade versuchen, mehr Selbstdisziplin zu erlangen, und auf ungesunde Lebensmittel oder Alkohol verzichten.

Es ist keinesfalls schlimm, wenn Ihre Freunde Bescheid wissen, und oft kann es eine zusätzliche Erleichterung sein, weil Sie keine Angst mehr haben müssen, durch solche Situationen aus der Bahn geworfen zu werden. Vielleicht finden Sie sogar Freunde, die sich Ihnen anschließen und Ihren Plan unterstützen, sich mehr um sich selbst zu kümmern. In anderen Situationen und mit anderen Vorsätzen kann es aber deutlich schwerer sein, einfach zu sagen, was Sie aktuell üben und Sie müssen Stärke beweisen, um sich nicht doch überreden zu lassen.

Dafür eignet sich das Beispiel mit dem Kollegen noch einmal sehr gut, der Sie um einen Gefallen bittet und versucht, Sie mit allen möglichen Dingen zu locken. Ohne sich unbeliebt zu machen, können Sie jetzt schlecht sagen, dass Sie auf Dinge verzichten wollen, die Ihnen nicht guttun oder mehr auf Ihre eigenen Bedürfnisse achten wollen. Wenn Sie ein gutes Verhältnis zu dem Kollegen haben, dann sollte das kein Problem sein, doch wenn es jemand ist, dem Sie lieber aus dem Weg gehen oder mit dem Sie wenig Kontakt haben, dann kann Sie eine solche Aussage schnell unbeliebt machen. Stattdessen sollten Sie sich eine gute Antwort überlegen, die keine Widerrede erlaubt, und ihn zum Beispiel darauf hinweisen, dass Sie ihm schon so oft geholfen haben.

Wenn Sie selbst keine Zeit haben, ist das natürlich optimal, weil Sie dadurch nicht das Gefühl haben, Sie müssten ihm helfen, aber auch so können Sie ohne schlechtes Gewissen ablehnen. Überlegen Sie sich, ob es Ihnen das wirklich wert ist, Ihre Energie und Zeit einzusetzen, und entscheiden Sie auf dieser Grundlage, ob Sie Ihre Hilfe anbieten. Solche Situationen können Sie auch gut ab und zu mit Freunden üben, und wenn Sie Ihren Freunden erzählt haben, was Ihr Plan ist, können Sie sie auch bitten, immer wieder unaufgefordert solche kleinen Hindernisse in Ihren Alltag einzubauen. Je mehr Situationen Sie zum Üben haben, desto besser werden Sie und desto schneller können Sie Ihre Willenskraft stärken.

4.5 WAS PASSIERT, WENN ES NICHT FUNKTIONIERT?

Natürlich ist es schöner, sich zu motivieren, indem Sie sich die Situation ausmalen, bei der Sie die Ziellinie gerade überschritten haben, aber vielleicht hilft Ihnen das nicht ausreichend. Schließlich könnten Sie dann auch einfach sagen, dass später, morgen oder in einer Woche immer noch Zeit dafür ist und Sie Ihren Plan nicht jetzt sofort umsetzen müssen. Wenn Sie sich selbst zu den Menschen zählen würden, die Ihre Ziele immer weiter hinausschieben, dann könnte Ihnen diese Übung helfen, schon jetzt diszipliniert zu bleiben. Anstatt sich zu überlegen, wie es Ihnen gehen würde, nachdem Sie Ihr Ziel erfolgreich erreicht haben, überlegen Sie sich nun, was passiert, wenn Sie es nicht schaffen, diszipliniert zu bleiben. Nehmen Sie sich dafür mal ein ganz einfaches Beispiel und stellen Sie sich vor, Sie haben fünf E-Mails in Ihrem Postfach, die beantwortet werden müssen.

Wenn Sie jetzt nicht selbstdiszipliniert sind und sagen, dass Sie das einfach morgen machen, dann schauen Sie am nächsten Tag in Ihr Postfach und vielleicht sind dann schon acht E-Mails da. Immer noch mit wenig Motivation schieben Sie das Beantworten noch einmal einen Tag weiter und denken sich, dass ein paar mehr oder weniger jetzt auch schon egal sind. Doch am nächsten Tag haben Sie auf einmal 15 E-Mails und einige davon sind so dringend, dass Sie nun wirklich antworten müssen. Sie setzen sich also an den Schreibtisch und beantworten genervt und mit wenig Motivation die Nachrichten. Und genau das passiert, wenn Sie nicht selbstdiszipliniert genug bleiben und Ihr Ziel nicht mit ausreichend Willenskraft verfolgen. Die Aufgaben werden sich dadurch nur immer weiter anhäufen und mit der Zeit haben Sie einen riesigen Berg vor sich, den Sie abarbeiten müssen.

Solche negativen Auswirkungen können ein gutes Mittel sein, um Ihnen die Dringlichkeit vor Augen zu führen und Sie daran zu erinnern, warum Sie jetzt etwas ändern wollen. Schließlich hätten Sie umsonst überlegt, wie Sie mehr Selbstdisziplin erlangen können, wenn Sie sie am Schluss gar nicht einsetzen. Diese Übung lässt sich am besten direkt in den Alltag einbauen. Jedes Mal, wenn Sie merken, dass Ihre Disziplin langsam nachlässt, können Sie sich daran erinnern, was passiert, wenn Sie nicht weiter Ihr Ziel verfolgen und wofür Sie das alles machen.

4.6 LIEBER IN KLEINEN ETAPPEN ALS GAR NICHT

Wenn Sie damit anfangen, Selbstdisziplin zu trainieren und versuchen, Ihre Willenskraft zu stärken, dann kann es am Anfang passieren, dass es nicht so läuft, wie Sie es gerne hätten. Vielleicht nehmen Sie sich zu viel auf einmal vor oder Sie haben sich ein besonders schweres Ziel ausgesucht und brauchen einfach länger dafür. Sicherlich sind Sie in solchen Momenten zunächst frustriert und wollen aufgeben, weil Sie keinen Sinn dahinter sehen, doch wie bei allen anderen Dingen im Leben ist auch bei der Selbstdisziplin noch kein Meister vom Himmel gefallen.

Denken Sie kurz an Ihre Schulzeit zurück und überlegen Sie sich, wie Sie damals eine neue Sprache gelernt oder in Mathe eine neue Rechenart geübt haben. Das hat mit Sicherheit auch nicht von heute auf morgen funktioniert, sondern Sie sind mit der Zeit und mit vielen Versuchen immer besser geworden. Ähnlich ist es auch beim Lernen der Selbstdisziplin und je mehr Übung Sie haben, desto effektiver arbeiten Sie.

Anstatt es bei der Selbstdisziplin selbst auszuprobieren, können Sie dieses Etappenvorgehen auch üben, indem Sie zum Beispiel ein neues Stück auf dem Klavier lernen oder versuchen, ein schwieriges Puzzle zu lösen. Hier geht es auch darum, sich am Anfang nicht von der großen Aufgabe abschrecken zu lassen, sondern nach und nach, Ton für Ton vorzugehen. Es braucht viel Zeit, bis sich ein Klavierstück wirklich schön anhört oder bis ein Puzzle mit 1000 Teilen fertig ist, aber das Ergebnis ist auf jeden Fall lohnend. Wenn Sie sich nicht durch diese vielen schiefen Töne durchkämpfen würden oder jedes Teil gefühlt fünfmal ausprobieren, bis es passt, dann würden Sie auch das endgültige Ergebnis verpassen. Und nachdem die erste Hürde einmal geschafft ist, die Teile sortiert sind oder die Noten gefunden wurden, ist der Rest nahezu ein Kinderspiel und je weiter Sie kommen, desto leichter wird es.

Suchen Sie sich Dinge aus, bei denen Sie Zeit und Energie brauchen, um das Ziel zu erreichen, und üben Sie an diesen, diszipliniert und am Ball zu bleiben. Dieses Vermögen können Sie dann anschließend auch auf Alltagssituationen übertragen und somit einfacher in Ruhe und mit kleinen Schritten auf Ihr Ziel zugehen.

4.7 MULTITASKING IST HIER FEHL AM PLATZ

Auch wenn Sie gerade eine lange Liste vor sich haben mit Dingen, die Sie in den nächsten Wochen und Monaten erreichen wollen, sollten Sie nicht direkt alles auf einmal versuchen. Sie werden nicht schneller fertig, nur weil Sie alles gleichzeitig anfangen, oft brauchen Sie dadurch sogar noch länger, weil Sie sich nicht voll und ganz auf eine Sache konzentrieren können. Um selbstdiszipliniert arbeiten zu können und sich nicht von anderen Dingen ablenken zu lassen, sollten Sie Ihre Ziele priorisieren und überlegen, welches Sie als erstes erreichen wollen. Anschließend konzentrieren Sie sich ausschließlich auf diese Aufgabe und beenden sie erst, bevor Sie in Gedanken bei der nächsten sind.

Stellen Sie sich vor, Sie schreiben gerade mit drei Personen gleichzeitig. Eigentlich ist Ihnen jede wichtig und Sie wollen immer möglichst schnell antworten. Durch den ständigen Wechsel von einem Chat zum anderen kommt es aber immer häufiger dazu, dass Sie eine Nachricht an die falsche Person schicken und nur noch durcheinanderkommen. Auch Ihre Freunde werden sich dadurch ein bisschen vernachlässigt fühlen und denken, dass sie noch nicht einmal in Ruhe mit ihnen schreiben können. Würden Sie sich stattdessen aber auf einen Chat nach dem anderen konzentrieren, müssten zwei der Freunde vielleicht kurz warten, dafür bekommen sie danach aber Ihre volle Aufmerksamkeit.

Multitasking ist allgemein ein Mythos. Egal, in welchem Bereich Sie sich auf mehrere Dinge gleichzeitig konzentrieren wollen, irgendetwas bleibt dabei immer auf der Strecke. Sie sind in Gedanken immer woanders und sobald Sie mit einer Aufgabe angefangen haben, schweifen Sie wieder ab und denken, dass Sie eigentlich noch alles Mögliche sonst erledigen müssten. Aus diesem Grund können Sie auch gut im Alltag üben, auf Multitasking zu verzichten und nicht alles auf einmal zu machen. Wenn Sie gerade eine E-Mail schreiben, sollten Sie nicht nebenbei am Kochen sein und auch noch mit einer Freundin telefonieren. Konzentrieren Sie sich lieber auf eine Sache nach der anderen und lernen Sie, wie Sie dadurch zu mehr Selbstdisziplin gelangen.

4.8 MUT ZUR LÜCKE

Vielleicht hört es sich für Sie komisch an, zu lesen, dass Sie auch bei der Selbstdisziplin ein paar Lücken einbauen dürfen und nicht immer so streng mit sich sein müssen, aber es ist tatsächlich bewiesen, dass kurze Erholungspausen zu einem besseren Ergebnis führen. Wenn Sie immer versuchen, Ihr Bestes zu geben und Ihre ganze Energie investieren, werden Sie früher oder später eine Pause brauchen, um sich wieder zu erholen. Sie sind nun mal keine Maschine, die einfach über den Strom aus der Steckdose läuft, sondern Sie sind ein Mensch, der auch Ruhe und Erholung braucht.

Für sehr Disziplinierte oder Menschen, die streng mit sich selbst umgehen, kann es schwer sein, sich eine solche Pause einzugestehen, und vielleicht kennen Sie es auch von sich, dass Sie nur selten Pausen einlegen. Doch wie sollen Sie dann ausreichend Energie tanken, um für die weiteren Aufgaben gerüstet zu sein?

Vielleicht kennen Sie die Geschichte vom Holzfäller, der jeden Tag ununterbrochen arbeitete. Nachdem er am ersten Tag zehn Bäume gefällt hatte, wollte er am nächsten Tag noch einen mehr schaffen und begann extra früh mit der Arbeit. Als er abends müde die gefällten Bäume zählte, konnte er jedoch nur acht zählen und war ganz entsetzt. Mit dem Vorsatz, am nächsten Tag noch mehr zu arbeiten und sich mehr anzustrengen, ging er früh ins Bett und stellte sich seinen Wecker noch eine Stunde früher. Doch auch am nächsten Tag erreichte er sein Ziel nicht und zählte dieses Mal sogar nur sechs Bäume. Er konnte es einfach nicht verstehen und suchte enttäuscht Rat bei einem Freund, der nur lachte und das Problem direkt erkannte. In seinem Eifer hatte der Holzfäller keine Pause eingelegt, um seine Axt zu schärfen und daher mit stumpfem Werkzeug auf die Bäume eingeschlagen.

Ähnlich wie diesem Holzfäller wird es auch Ihnen gehen, wenn Sie keine Pausen in Ihren Alltag und in Ihr Training zu mehr Selbstdisziplin einbauen. Dabei müssen es noch nicht einmal sehr lange Pausen sein und es reicht schon, wenn Sie immer wieder zehn Minuten einplanen, um kurz an die frische Luft zu gehen, eine Kleinigkeit zu essen oder alle Viere von sich zu strecken. Üben Sie dies zum Beispiel, indem Sie sich alle zwei Stunden beim Arbeiten einen Wecker stellen. So werden Sie automatisch an die Pause erinnert und wenn es gerade ungünstig ist, können Sie einfach die Snooze-Taste drücken und die Pause zehn Minuten nach hinten verschieben. Mit der Zeit werden Sie merken, dass Sie den Wecker gar nicht mehr brauchen und ganz automatisch nach einer gewissen Zeit kleine Pausen einbauen. Sie werden überrascht sein, wie viel Erholung allein zehn Minuten an der frischen Luft bringen können. Sicherlich werden Sie die Pausen in Zukunft öfter einsetzen, auch bei der Selbstdisziplin ab und zu mal lockerer sein und sich zum Beispiel ein Stück Schokolade oder einen entspannten Nachmittag auf dem Sofa gönnen. Dank dieser Pause können Sie am nächsten Tag wieder mit neuer Energie und voller Motivation durchstarten.

4.9 MIT KONTINUITÄT ZUM SIEG

Trotz der Pausen ist es aber wichtig, dass Sie immer am Ball bleiben und die Pausen nicht zu groß werden lassen. Es ist in Ordnung, wenn Sie sich ab und zu einen ganz entspannten Tag machen, aber Sie müssen aufpassen, dass das nicht zur Regel wird. Ähnlich wie beim Lernen von Vokabeln erreicht am Ende nur der das Ziel, der kontinuierlich geübt und dadurch den Effekt genutzt hat, dass sich das Gehirn noch an die letzte Einheit erinnert.

Wie bei der siebten Übung können Sie die Kontinuität auch erst bei anderen Dingen erproben und anschließend auf die Selbstdisziplin übertragen. Auch beim Klavier spielen, beim Lesen von einem Buch oder beim Sport ist eine gewisse Kontinuität erforderlich, um nicht mittendrin den Faden zu verlieren und wieder bei null anfangen zu müssen. Überlegen Sie mal, wie lang Sie für ein Buch brauchen würden, wenn Sie jede Woche nur an einem Tag ein Kapitel lesen würden. Sie würden dabei nicht nur jedes Mal wieder den Inhalt vergessen und die letzten Seiten erneut lesen, sondern auch unglaublich viel Zeit verschwenden. Stattdessen könnten Sie jeden Tag ein paar Seiten lesen und so den Inhalt im Kopf behalten, um auch noch beim Weiterlesen zu wissen, um was es geht.

Auf die Selbstdisziplin übertragen bedeutet das, dass es nur wenig Sinn macht, wenn Sie an zwei oder drei Tagen pro Woche streng sind und Ihre Ziele verfolgen. Ist Ihr Ziel zum Beispiel, dass Sie sich gesünder ernähren wollen, dann werden Sie die Aufgabe kaum in absehbarer Zeit meistern, wenn Sie an vier von sieben Tagen in der Woche alles essen, was Sie wollen. Viel effektiver ist der Plan, dass Sie sich jeden Tag eine Kleinigkeit erlauben und dadurch nicht auf einmal ein so großes Bedürfnis nach etwas Süßem haben, dass Sie mehrere Tage Ihr Ziel über Bord werfen. Mit Kontinuität und immer wieder kleineren Ausnahmen kommen Sie schneller zum Ziel und werden auch viel glücklicher sein, wenn Sie es erreicht haben.

4.10 PLATZ FÜR IHRE IDEEN

Die letzte Übung soll Ihnen Platz geben, um sich eigene Ideen zu überlegen. Vielleicht kennen Sie aus Ihrem Alltag ein paar Möglichkeiten, wie Sie Ihre Selbstdisziplin noch weiter steigern können. Fragen Sie auch einmal bei Freunden oder Kollegen nach, denn sicherlich sind Sie nicht allein mit diesem Problem. Ganz im Gegenteil, jeder hat immer wieder Phasen mit wenig Antrieb und Disziplin. Nutzen Sie diese Gemeinsamkeiten aus, um zusammen ein paar Lösungen zu finden und sie anschließend auf dieser Seite zu notieren.

5. Selbstdisziplin für...

5.1 ... DIE ARBEIT

Egal, welchen Beruf Sie ausüben, Selbstdisziplin ist immer ein wichtiges Merkmal und kann Ihnen helfen, eine bessere Routine zu entwickeln. Schließlich lernen Sie dadurch, Aufgaben und Ziele gut zu organisieren und mit mehr Verantwortung zu erfüllen. Außerdem können Sie durch ausreichend Selbstdisziplin auch Aufgaben erledigen, die Sie zwar ungern machen, die aber getan werden müssen.

Im beruflichen Bereich hängt die Selbstdisziplin eng mit der Fähigkeit zusammen, Aufgaben allein und ohne ständige Kontrolle zu erledigen und sich noch dazu an den vorgegebenen Zeitplan zu halten. Mit ausreichend Disziplin schaffen Sie es somit, ohne Erinnerungen und Überwachung von Kollegen Ihre Ziele zu erreichen und Ihre Aufgaben qualitativ hochwertig zu erledigen.

Der Konkurrenzdruck auf dem Arbeitsmarkt ist groß und es wird immer wichtiger, welche Erfahrungen und Stärken Sie selbst mitbringen und welche Vorteile Sie gegenüber anderen Bewerbern haben. Es kommt nicht mehr nur auf fachliche Kompetenz an, sondern auch auf akkurate und selbstständige Arbeit. Wenn Sie also in der Lage sind, gute Ergebnisse zu liefern und das auch konsistent, ohne immer wieder an Ihre Aufgaben erinnert zu werden, können Sie sich deutlich von anderen Bewerbern absetzen und den entscheidenden Unterschied machen. Kein Unternehmen stellt gerne jemanden ein, der jeden Tag aufs Neue erinnert werden muss, dass es wichtige Aufgaben zu erledigen gibt oder eine Abgabefrist vor der Tür steht. Viel lieber wird ein Bewerber genommen, der einen selbstdisziplinierten Eindruck macht und Motivation und Organisation mit zum Arbeitsplatz bringt.

Aus diesem Grund hängt die Selbstdisziplin auch eng mit anderen Charaktereigenschaften zusammen, die Sie auf dem Arbeitsmarkt herausstechen lassen. Bringen Sie dazu auch noch Konzentration, Belastbarkeit und Offenheit für neue Themen und für die Zusammenarbeit mit Kollegen mit, dann haben Sie die Stelle so gut wie sicher. In den größer werdenden Unternehmen spielt es nun mal auch eine immer wichtigere Rolle, dass Sie Flexibilität zeigen und sich auf die Arbeit mit ständig wechselnden Kollegen einstellen können. Und diese Flexibilität können Sie besser demonstrieren, wenn Sie Ihre Arbeitsschritte kennen und selbstständig erledigen. Dadurch haben Sie gedanklich mehr Platz, um sich auf die Arbeit mit Kollegen zu konzentrieren, und Sie sind mit Ihren eigenen Arbeitsschritten so vertraut, dass Sie sie koordinieren können.

Wichtig ist aber auch, dass Sie Selbstdisziplin nicht automatisch von allen anderen Kollegen erwarten. Wenn Sie es geschafft haben, sich selbst immer wieder zu motivieren und die Aufgaben eigenständig zu erledigen, dann heißt das nicht automatisch, dass es auch Ihren Kollegen so geht. Seien Sie also nicht enttäuscht oder genervt, wenn andere noch mehr Unterstützung brauchen und Sie ihnen ab und zu das Ziel vor Augen führen müssen. Sie selbst haben einmal klein angefangen und jetzt, wo Sie selbstdiszipliniert sind, können Sie diese Stärke auch auf andere übertragen und ihnen helfen, mit mehr Motivation und Selbstständigkeit an die Arbeit zu gehen.

Neben den vorhin aufgeführten Übungen gibt es auch noch einige, die sich speziell auf die Selbstdisziplin beim Arbeiten konzentrieren. Mit wenigen Tricks können Sie es schaffen, sich bei der Arbeit besser zu motivieren.

Vielleicht kennen Sie das Gefühl, dass Sie morgens aufstehen und, wie schon an allen Tagen davor, keine Lust haben, zur Arbeit zu gehen. Sie sehen vor sich, wie Sie den ganzen Tag am Schreibtisch sitzen und Ihre Aufgaben erledigen, die Ihnen eigentlich einmal so viel Spaß gemacht haben. Nach acht Stunden sehen Sie, wie Sie müde nach Hause gehen und dann auch noch die Hausarbeit und die Post auf Sie warten, die erledigt werden müssen. Eigentlich würden Sie am liebsten im Bett bleiben, die Decke über den Kopf ziehen und weiterschlafen. Aber damit soll jetzt ein für alle Mal Schluss sein, denn es gibt eine einfache Lösung für das Problem.

Falls Sie sich ausschließlich Ihren beruflichen Tätigkeiten widmen und keinen Ausgleich dazu haben, können Sie nicht erwarten, dass es Ihnen nach mehreren Wochen und Monaten noch genauso viel Spaß macht wie am Anfang. Es ist ganz normal, dass Sie mit der Zeit die Lust verlieren und es Ihnen schwerfällt, diszipliniert zu arbeiten. Daher sollten Sie sich unbedingt andere Aktivitäten suchen, die Sie neben Ihrer Arbeit machen können und die Ihnen einen Ausgleich bringen. Vielleicht haben Sie ein Hobby, dem Sie gerne wieder nachgehen würden, oder vielleicht wollen Sie eine neue Sportart ausprobieren. Auch regelmäßige Treffen mit Freunden können ein guter Ausgleich sein. Es ist nur wichtig, dass Sie einmal gänzlich abschalten können und nicht über Ihre Arbeit nachdenken. Wenn Sie sich jeden Tag nur mit Ihren Pflichten beschäftigen und auch nach der Arbeit nur noch mehr Aufgaben auf Sie warten, ist es kein Wunder, dass Ihre Selbstdisziplin mit der Zeit nachlässt. Erlauben Sie sich, auch die schönen Dinge im Leben zu sehen, und nutzen Sie diese, um wieder neue Energie zu tanken.

Ein weiterer Schritt, der Sie wieder zu mehr Selbstdisziplin bringt, ist das Überdenken Ihrer Erwartungen. Überlegen Sie sich doch einmal, welche Ziele Sie sich selbst setzen und was Ihr Chef oder Ihre Kollegen von Ihnen erwarten. Stimmen diese Erwartungen überein oder ist es nicht viel eher so, dass Sie sich selbst zu viel Druck machen und zu hohe Ziele stecken? Natürlich ist es normal, dass Sie selbst strenger mit sich sind und gerne mehr erreichen würden als erwartet, aber wenn Sie Ihre Erwartungen zu weit oben ansetzen, kann es leicht passieren, dass Sie enttäuscht werden. Sie sind auch nur ein Mensch und es kann immer vorkommen, dass Sie Fehler machen, etwas Unerwartetes geschieht oder Sie doch mehr Zeit brauchen.

Damit Ihre zu hohen Erwartungen schlussendlich nicht dazu führen, dass Sie Ihre Ziele nicht mehr erreichen können und keinen Spaß mehr an der Arbeit haben, sollten Sie versuchen, sich weniger unter Druck zu setzen. Akzeptieren Sie, dass auch Sie nicht alles perfekt machen können, und versuchen Sie, immer Ihr Bestes zu geben, aber nie zu viel zu erwarten. Nur so schaffen Sie es, auch in Zukunft noch motiviert und diszipliniert Ihre Arbeit zu erledigen und vor allem, Spaß daran zu haben. Wenn Sie sich nicht sicher sind, ob Sie vielleicht zu streng mit sich sind oder sich zu hohe Ziele stecken, können Sie auch Freunde, Kollegen oder Ihren Chef nach einer Meinung fragen. Informieren Sie sich darüber, was von Ihnen erwartet wird, und überlegen Sie, ob Sie das auch erfüllen oder ob Sie vielleicht zusätzlich noch mehr machen.

Vielleicht hat Ihr Chef mal zu Ihnen gesagt, dass er Ihre Leistung wertschätzt und es gut findet, wie zielstrebig Sie arbeiten. Damit hat er aber sicherlich nicht automatisch gemeint, dass Sie immer einen durchgeplanten Terminkalender haben und alles perfekt machen müssen. Es kann leicht passieren, dass man ein Lob auch als Aufforderung sieht, so weiterzumachen oder sogar noch besser zu werden. Räumen Sie solche Missverständnisse aus dem Weg und versuchen Sie, wieder mehr Spaß an der Arbeit zu haben, indem Sie sich weniger unter Druck setzen.

5.2 … DEN SPORT

Die meisten Menschen, die sich mit dem Thema Selbstdisziplin auseinandersetzen und versuchen, in Ihrem Alltag mehr Motivation zu haben, wollen dies aus einem ähnlichen Grund. Vielleicht ist auch bei Ihnen schon öfter der Satz gefallen, dass Sie mehr für Ihre Gesundheit tun möchten, sich gesünder ernähren oder öfter zum Sport gehen wollen. Durch die sozialen Medien und das gegenwärtige Schönheitsideal wird man quasi dazu gezwungen, mehr für seine Gesundheit zu tun und sich dem aktuellen Trend anzupassen.

Wenn man in der Mittagspause beim Bäcker statt eines gesunden Vollkornbrötchens mal die Nussschnecke wählt, bekommt man nicht selten verstörte Blicke zugeworfen und muss sich fast schämen, dass man sich für etwas Süßes entschieden hat. Aber neben dieser übertriebenen Haltung kann es durchaus auch sehr gut sein, wenn Sie sich mehr um Ihre körperliche und psychische Gesundheit kümmern und sich Gedanken darüber machen, wie Sie Ihr Leben verbessern können. Die ganzen Herausforderungen, die der Alltag mit sich bringt, kosten schon genug Kraft und es ist schwer, dazu auch noch Energie zu sammeln, um aus alten Routinen auszubrechen. Auf den ersten Blick scheint es verlockend, nach der Arbeit einfach die Tiefkühlpizza in den Ofen zu schieben und es sich auf der Couch gemütlich zu machen. Natürlich sind solche Abende vollkommen legitim und es müssen nicht immer eine Salatbowl und eine Stunde Workout sein, doch auch diese Kombination kann zu mehr Energie führen.

Selbstdisziplin im Sport und bei der Ernährung verstärken sich fast von selbst, denn durch ausreichend kontinuierliches Training und durch eine neue Routine können Sie es sich immer einfacher machen. Haben Sie erst einmal damit angefangen, neue Rezepte auszuprobieren, regelmäßig ins Fitnessstudio zu gehen oder sich mit Freunden zum Joggen zu verabreden, dann werden Sie schnell merken, dass Ihnen diese Veränderung immer weniger auffällt. Am Anfang mussten Sie sich vielleicht noch regelmäßig dazu überreden, ins Fitnessstudio zu gehen und nach der Arbeit nicht gleich auf dem Sofa zu landen, doch irgendwann haben Sie eine neue Routine entwickelt und es fühlt sich komisch an, wenn Sie das Training mal ausfallen lassen. Selbstdisziplin hat auch viel damit zu tun, die erste Hürde zu überwinden, und leider ist es oft so, dass es zu Beginn erst sehr schwer wird, damit es danach besser werden kann. Für solche Momente haben Sie inzwischen aber ausreichend Übungen parat und haben gelernt, wie Sie Ihr Ziel trotzdem erreichen können. Sie wissen, dass Sie sich nur immer wieder vor Augen führen müssen, warum Sie das alles machen und was Sie damit erreichen wollen. Verlieren Sie Ihr Ziel nicht aus den Augen und erlauben Sie sich trotzdem immer wieder kleine Erholungspausen, damit Sie den Spaß und die Motivation nicht verlieren.

Neben den bereits bekannten Möglichkeiten, wie Sie Ihre Selbstdisziplin stärken können, finden Sie hier noch ein paar Tipps, die sich speziell auf das Thema Sport und Ernährung beziehen und es Ihnen erleichtern sollen, eine neue Lebensweise zu starten und durchzuhalten.

Vielen ist nicht bewusst, dass eine solche Lebensveränderung auch im Kopf stattfindet und es wichtig ist, mit der richtigen Einstellung an das Projekt zu gehen. Wenn Sie überhaupt keine Lust haben, etwas in Ihrem Leben zu ändern und Sie nicht unbedingt mehr Sport machen oder sich den aktuellen Ernährungstrends anpassen wollen, dann wird es Ihnen deutlich schwerer fallen, sich selbstdiszipliniert zu zeigen und sich für den Sport zu motivieren. Ein weiteres Problem ist, dass viele zu negativ über sich denken und enttäuscht sind, wenn etwas nicht so läuft wie geplant. Vielleicht kennen Sie es, dass Sie sich vornehmen, heute endlich einmal sechs Kilometer zu joggen, und am Schluss schaffen Sie nur vier, weil Ihnen ein Fuß wehtut oder Sie heute weniger Ausdauer haben. Statt sich darüber zu freuen, dass Sie vier Kilometer gelaufen sind, werten Sie Ihre Leistung sofort ab und ärgern sich, dass Sie die letzten zwei Kilometer nicht mehr geschafft haben. Aber auch vier Kilometer sind eine sehr gute Leistung und Sie hätten stattdessen auch einfach zu Hause bleiben und es sich mit einer Tafel Schokolade und Netflix gemütlich machen können. Jeder ist sein eigener schärfster Richter und es ist keiner so streng mit Ihnen, wie Sie es selbst sind. Doch dafür gibt es eigentlich keinen Grund, und mit einer positiven Einstellung schaffen Sie es viel leichter, diszipliniert zu bleiben und vor allem, den Spaß nicht zu verlieren.

Ein weiterer Tipp, um beim Sport und bei der Ernährungsumstellung motiviert zu bleiben, ist das Handeln in Gruppen. Wenn man nicht allein kämpft, sondern sich Freunde oder Gleichgesinnte sucht, die ein ähnliches Ziel verfolgen, kann man sich gegenseitig motivieren und gemeinsam den Kampf durchstehen. Es macht viel mehr Spaß, wenn Sie zusammen mit Freunden neue Rezepte ausprobieren, einen Kurs im Fitnessstudio besuchen oder eine Runde Joggen gehen. So können Sie von der Motivation der anderen profitieren und auch etwas von Ihrer eigenen Motivation weitergeben. Dafür müssen Sie aber auch nicht immer alles zusammen machen. Viele sind schon disziplinierter, wenn sie wissen, dass sie von jemand anderem unterstützt werden und erzählen können, was sie geschafft haben. Das Gefühl von Stolz, das einen dabei erfüllt, baut die Motivation weiter auf. Gemeinsam kann man sich viel besser über Erfolge freuen oder bei Misserfolgen überlegen, was man hätte besser machen können. Suchen Sie sich doch auch eine Gruppe, mit der Sie regelmäßig Sport machen oder neue, gesunde Rezepte ausprobieren können. Durch ein paar feste Termine in der Woche ist es auch schwieriger, sich immer wieder davor zu drücken, und Sie werden viel leichter eine neue Routine aufbauen können.

Nicht zu vergessen sind vor allem bei den Themen Sport und Ernährung auch die Belohnungen, die Sie regelmäßig nutzen können, um sich weiter zu motivieren. Natürlich sollte das nicht Ihr einziger Beweggrund sein und Sie sollten die Entscheidung auch für sich und Ihre Gesundheit treffen, doch nicht immer reicht das als Motivation aus. Daher können Sie, um diszipliniert zu bleiben, auch überlegen, wie Sie sich für Ihre Leistung belohnen und was Sie nach einem anstrengenden Training oder einer Woche ohne Süßigkeiten machen wollen. Sie können sich danach zum Beispiel noch mit Freunden verabreden und gemeinsam einen Spieleabend machen oder Sie gönnen sich mal wieder ein leckeres Stück Schokolade oder etwas anderes, worauf Sie so richtig Lust haben. Es geht nicht nur darum, dass Sie sich strikt an die Regeln halten und sich alles Mögliche verbieten, sondern es ist auch wichtig, dass Sie langfristig diszipliniert bleiben können. Vielleicht fällt es Ihnen auch leichter, Sport zu machen, wenn Sie nebenbei Musik hören oder eine Folge Ihrer Lieblingsserie schauen. Nutzen Sie alles, was Ihnen einfällt, um Ihre Ziele leichter zu erreichen, und achten Sie immer darauf, dass der Spaß und Ihr eigenes Wohlergehen im Vordergrund stehen.

6. Achtung vor der Schattenseite der Selbstdisziplin

In den vergangenen Kapiteln haben Sie viel darüber gelernt, wie Sie mehr Selbstdisziplin aufbauen können und welche Vorteile es bringt, disziplinierter zu sein. Dieses Buch soll aber nicht nur auf die positiven Seiten eingehen, sondern Ihnen auch die Gefahren näherbringen, die sich hinter der Selbstdisziplin verbergen. Vielleicht war Ihnen das bisher noch nicht so bewusst, aber Sie können tatsächlich auch zu selbstdiszipliniert sein und sich dadurch das Leben um einiges schwerer machen. Eigentlich dient die Selbstdisziplin dazu, seine eigenen Ziele besser zu erreichen und im Leben leichter voranzukommen, aber genau da versteckt sich auch die Gefahr.

Während es viele Menschen gibt, die gerne mehr Selbstdisziplin hätten, gibt es mindestens genauso viele, die zu viel davon haben und sich wünschen, sie könnten freier und entspannter leben. Wenn Sie zu streng mit sich sind und sehr genau darauf achten, dass Sie alle Ihre Ziele erreichen und nichts falsch machen, dann kann es sehr schnell passieren, dass Sie die Freude an den Dingen verlieren. Sie funktionieren dann nur noch wie ein Roboter und machen eine Aufgabe nach der anderen, ohne zumindest kurz den Erfolg zu genießen. Treffen mit Freunden, Hobbys oder einen entspannten Abend zu Hause gibt es für Sie dann nicht mehr und Ihr Fokus liegt einzig und allein darauf, Ihre Ziele zu erreichen. Oft steht diese starke Disziplin im Zusammenhang mit einer psychischen Erkrankung und nicht selten haben diese Menschen auch Depressionen, Zwänge, große Ängste oder eine Essstörung. Natürlich kann man dabei nicht verallgemeinernd sprechen und sicherlich gibt es auch einige, die mit einer so hohen Taktung gut klarkommen, doch handelt es sich dabei um einen verschwindend geringen Teil.

Die Unzufriedenheit mit sich selbst und seiner eigenen Leistung oder die Angst, Freunde, Kollegen oder Familienmitglieder zu enttäuschen, führt oft dazu, dass man sich immer weniger erholsame Momente erlaubt und nur überlegt, wie man die Leistung weiter steigern kann. Es gibt im Leben noch so viele andere schöne Dinge und es ist wirklich schade, wenn man sich durch zu viel Selbstdisziplin die Freude nimmt. Dabei machen die meisten Betroffenen das alles gar nicht mit

Absicht, sondern gelangen in einen Kreislauf, der sie immer fester in die Selbstdisziplin einspannt.

Wenn Sie sich nun angesprochen fühlen und bemerken, dass auch Sie eigentlich zu viel Selbstdisziplin haben und sich schöne Erlebnisse immer mehr verbieten, dann sollten Sie die nächsten Seiten besonders aufmerksam lesen. Zum Glück stecken Sie nicht in einer ausweglosen Situation und es gibt durchaus einige Möglichkeiten, wie Sie aus dieser Spirale wieder herauskommen.

6.1 FÜNF WICHTIGE WARNZEICHEN

Der Unterschied zwischen zu viel Selbstdisziplin und dem richtigen Maß an Selbstdisziplin ist gar nicht so einfach festzustellen und je nach Persönlichkeit kann die Grenze auch anders liegen. Trotzdem gibt es ein paar typische Warnzeichen, bei denen Sie aufmerksam werden sollten. Das gilt nicht nur für Sie selbst, sondern auch für Ihre Freunde und Familienmitglieder, und wenn Sie bei jemand anderem erkennen, dass er womöglich zu streng zu sich selbst ist, sollten Sie sich nicht scheuen und Ihre Beobachtung ansprechen.

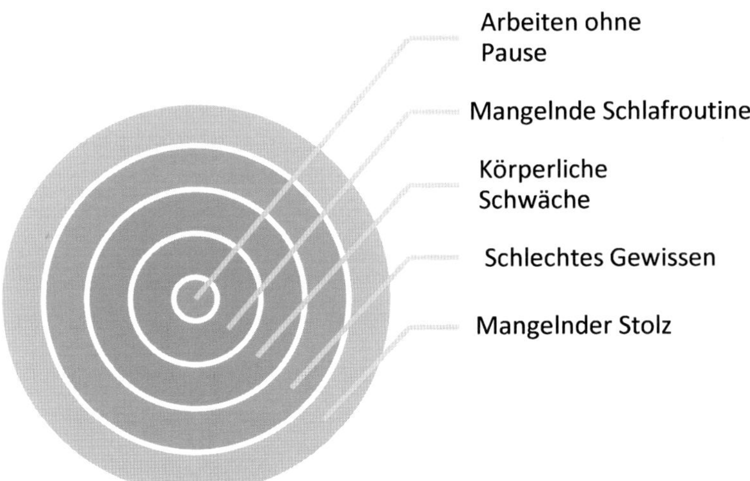

Das erste Anzeichen, das schon relativ bald zu erkennen ist und sozusagen das Frühwarnzeichen ist, ist das **Arbeiten ohne Pause**. Kennen Sie es, dass Sie immer wieder ohne Pause arbeiten, nur mal schnell nebenbei etwas Essen und nicht einmal abends, wenn Sie von einem langen Arbeitstag zurückkommen, entspannen? Selbst wenn Sie die Frage im ersten Moment mit Nein beantworten würden, sollten Sie sich noch einmal genauer überlegen, ob Sie sich wirklich nicht angesprochen fühlen. Dabei geht es nicht unbedingt darum, dass Sie ein- oder zweimal im Monat Überstunden machen und die Mittagspause vergessen, sondern es ist vor allem dann zu bemerken, wenn Sie die meiste Zeit auf diese Weise arbeiten und sich eigentlich gar nicht mehr erinnern können, wann Sie sich das letzte Mal wirklich Zeit für eine Pause genommen haben.

Ohne Unterbrechung zu arbeiten, kann für manche Menschen, die viel Energie haben, sehr befriedigend sein, doch auf Dauer tut das niemandem gut und es ist keinesfalls ein gesunder Lebensstil. Dabei kann diese Arbeitsweise entweder damit verbunden sein, dass Ihre Arbeitsstelle zu viel verlangt und Sie zu viel zu tun haben, oder es liegt daran, dass Sie sich selbst so viele Aufgaben geben. Im ersten Fall muss es nicht automatisch ein Warnzeichen sein, denn Sie entscheiden sich nicht immer selbst dazu, so viel zu arbeiten, sondern müssen es machen. Im zweiten Fall allerdings ist es Ihre eigene Entscheidung und durch Ihre Disziplin bleiben Sie immer in Bewegung. Beide Situationen sollten Sie aber dazu bringen, über Ihr Leben und Ihr Verhältnis von Arbeit zu Freizeit nachzudenken und möglicherweise etwas daran zu ändern.

Ein weiteres Warnzeichen ist Ihre **Schlafroutine**. Wenn Ihnen auffällt, dass Sie immer weniger und schlechter schlafen, sollten Sie überlegen, woran das liegen könnte. Natürlich kann es sein, dass Sie gerade sehr viel zu tun haben oder dass Sie gedanklich viel beschäftigt sind, doch oft sind auch ein zu straffer Zeitplan und zu viel Getriebenheit schuld daran. Wenn Sie den ganzen Tag arbeiten und kaum eine Pause machen, dann ist Ihr Körper abends noch so geladen, dass es kein Wunder ist, wenn Sie nicht einschlafen können oder nur sehr unruhig schlafen. Die Situation ist vergleichbar mit einem Backofen, der den ganzen Tag gelaufen ist.

Dieser Ofen wird auch nicht von jetzt auf gleich wieder kalt, sondern er braucht erst einmal Zeit, um abzukühlen und sich an die Umgebungstemperatur anzupassen. So ähnlich ist es nun auch, wenn Sie von der Arbeit direkt zum Sport und dann zum Einkaufen rennen und zu Hause noch die Post beantworten und E-Mails schreiben. Auch wenn das alles Aufgaben sind, die irgendwann erledigt werden müssen, gibt es eine Möglichkeit, sie besser aufzuteilen und den Alltag etwas zu entzerren. Ein weiteres Problem, das beim Schlafen oft hinzukommt, ist die geringe Schlafqualität, weil Sie oft aufwachen oder nur einen leichten Schlaf haben. Grund dafür kann sein, dass Sie in Gedanken schon bei Ihren nächsten Aufgaben sind und überlegen, was Sie am nächsten Tag alles erledigen müssen. Sie gönnen sich nicht einmal abends oder nachts eine kleine Pause, sondern ganz automatisch sind Sie, nachdem Sie ein paar Aufgaben erledigt haben, direkt bei den nächsten. Achten Sie in den nächsten Tagen also mal auf Ihre Schlafroutine und notieren Sie vielleicht auch morgens in Stichpunkten, wie gut und wie lange Sie geschlafen haben. Oft wird erst dadurch deutlich, wie Ihre Schlafqualität tatsächlich ist und ob Sie ausreichend oder zu wenig schlafen.

Das folgende Warnsignal kommt meist erst etwas später und zeigt sich, wenn Sie schon längere Zeit hauptsächlich auf Ihre Leistung fokussiert waren und wenig auf Ihre körperlichen Bedürfnisse geachtet haben. Zu viel Stress und zu viel Arbeit führen oft dazu, dass Sie auch **körperlich geschwächt** sind und Sie sich zum Beispiel krank fühlen, Gliederschmerzen oder regelmäßig Kopfschmerzen haben. Dabei machen sich diese Anzeichen meist erst bemerkbar, wenn Sie etwas weniger zu tun haben und ein paar Tage kürzer arbeiten oder Urlaub haben. Während der Arbeitsperiode ist Ihr Körper durch Adrenalin wie geladen und schafft es dadurch, die Symptome von Schwäche zu verbergen und weiter zu funktionieren. Wenn Sie dann aber mal einen Gang zurückschalten und sich etwas mehr ausruhen, holt sich Ihr Körper, was er braucht, und zeigt Ihnen, dass Sie die körperlichen Bedürfnisse eine ganze Zeit vernachlässigt haben. Die ersten Signale zeigen sich dabei meist schon während der Arbeitszeit, doch gehen sie in all dem Stress und in Ihrem engen Terminplan leicht unter. Aus diesem Grund sollten Sie besonders auf den Umgang mit sich selbst achten und überlegen, ob Sie nicht doch zu diszipliniert sind, wenn Sie im Urlaub oder am Wochenende merken, dass Sie eigentlich gar keine Energie mehr haben und sich nur noch aufs Bett legen und schlafen wollen.

Das vierte Warnzeichen hängt eng mit Ihren Glaubenssätzen zusammen, die in diesem Buch bereits Thema waren. Gehen Sie einmal tief in sich und überlegen Sie sich, wie Ihre eigenen Glaubenssätze lauten. Kommen dabei vielleicht Sätze vor wie „Ich muss immer alles geben!“, „Ich darf mich erst ausruhen, wenn ich meine Ziele erreicht habe!“ oder „Nur, wenn ich alles perfekt erledigt habe, kann ich zufrieden mit mir sein!“? Wenn Sie diese Sätze von sich kennen, dann sind Sie ziemlich sicher viel **zu streng mit sich** und haben zu viel Selbstdisziplin. Oft werden diese Glaubenssätze auch von einem **schlechten Gewissen** begleitet und Sie machen sich Sorgen darüber, dass Sie den Ansprüchen Ihres Chefs oder Ihrer Familie nicht gerecht werden, oder Sie haben Angst, Fehler zu machen. Selbst nach einem erfolgreichen Tag überlegen Sie noch, was Sie hätten besser machen können und ob Sie nicht noch mehr hätten leisten können. Wenn Sie dieses Gefühl kennen, dann sollten Sie sich unbedingt überlegen, ob Sie nicht etwas in Ihrem aktuellen Leben ändern möchten und ob es neben der Arbeit und den ganzen Aufgaben nicht noch viel mehr Dinge im Leben gibt.

Das letzte Warnzeichen steht in enger Verbindung zum vierten und knüpft direkt an das schlechte Gewissen an. Typisch für zu viel Selbstdisziplin ist nämlich auch das **fehlende Gefühl von Stolz und Erfolg**. Viele, die zu streng mit sich selbst umgehen, berichten davon, dass sie sich nur schwer über erreichte Ziele freuen können und immer schon bei der nächsten Aufgabe sind. Vielleicht kennen Sie selbst das Gefühl und können Ihren Erfolg gar nicht richtig würdigen. Statt sich nach einer anstrengenden Aufgabe, die Sie endlich erledigt haben, richtig zu freuen und das Erfolgserlebnis zu genießen, planen Sie gleich die nächste Aufgabe und überlegen womöglich sogar noch, wie Sie die letzte Aufgabe noch besser oder schneller hätten abschließen können. Dieses Signal ist eigentlich das letzte und wirklich sehr deutliche Zeichen, dass Sie sich mehr Zeit nehmen sollten, um einzelne Aufgaben abzuschließen und den Erfolg zu genießen. Es geht schließlich nicht nur darum, wie eine Maschine ein Ziel nach dem anderen zu erreichen, sondern auch darum, dass Sie sich über Ihre Leistung freuen können und sich ab und zu für Ihr Durchhaltevermögen belohnen.

Haben Sie sich bei diesen Warnzeichen wiedererkannt, dann ist das schon einmal der erste Schritt zur Besserung. Vielen ist gar nicht bewusst, wie streng sie zu sich selbst sind und erst, wenn Sie das merken, können Sie sich dagegen wehren. Wie Sie sich sicherlich vorstellen können, ist das aber gar nicht so einfach und Sie brauchen viel Ausdauer und vor allem eine gute Beobachtungsgabe, um weniger diszipliniert zu sein. Aber keine Sorge, auch dafür gibt es einige Übungen. Wenn Sie jetzt weiterlesen, können Sie schon einmal überlegen, wie Sie die einzelnen Tipps am besten anwenden können.

6.2 TIPPS FÜR WENIGER STRENGE UND MEHR FREUDE

Über die Jahre hinweg haben Sie sich antrainiert, sich nur mit der perfekten Lösung zufriedenzugeben und erst dann Pause zu machen, wenn Sie alles erledigt haben. Aber jetzt, nachdem Sie sich immer möglichst unter Kontrolle hatten und jedes Mal versucht haben, alles zu geben, heißt es auf einmal, dass Sie etwas ändern sollen. Da ist es verständlich, dass Sie noch nicht ganz nachvollziehen können, wofür die Veränderung unbedingt nötig ist, und dass Sie lieber so weitermachen wollen wie bisher. Auf den vorherigen Seiten haben Sie immer gelernt, dass Selbstdisziplin der Schlüssel zum Glück ist. Dass am Schluss noch ein Kapitel auf Sie zukommt, das Ihnen erklärt, wie Sie sich Ihre Selbstdisziplin wieder abtrainieren können, erscheint auf den ersten Blick verständlicherweise widersprüchlich. Aber vielleicht hilft es Ihnen, wenn Sie sich noch einmal ins Gedächtnis rufen, worauf es im Leben wirklich ankommt. Geht es wirklich nur darum, eine Arbeit nach der anderen abzuschließen? Nein, genau darum geht es eben nicht, und aus diesem Grund sollten Sie auch darauf achten, dass Sie Ihr Leben und vor allem die Freude daran nicht aus den Augen verlieren. Doch ist das gar nicht so einfach, wenn man sich über mehrere Monate oder sogar Jahre hinweg nicht erlaubt hat, eine Pause zu machen und glücklich zu sein. Die folgenden Tipps können Ihnen vielleicht dabei helfen, wieder mehr schöne Momente im Leben zuzulassen und sich weniger auf die Arbeit zu fokussieren, aber die Veränderung fängt ganz allein in Ihrem Kopf an. Sie müssen zuerst erkennen, dass Sie auf diese Weise nicht ewig weitermachen können und dass Sie genauso geliebt und akzeptiert werden, wenn Sie sich mehr um sich selbst und nicht nur um Ihre Ziele kümmern.

Bei der ersten Übung geht es um drei zentrale Fragen, die Sie sich nicht nur stellen können, wenn Sie zufriedener und weniger streng mit sich selbst sein wollen, sondern auch in jeder anderen Lebenssituation. Als ersten Schritt können Sie sich einen Zettel und einen Stift nehmen, es sich bequem machen und darüber nachdenken, wer Sie sind. Was macht Sie aus? Was unterscheidet Sie von all den anderen Menschen? Wie wollen Sie von Ihren Freunden und von Ihrer Familie gesehen werden? Wie wollen Sie später einmal auf Ihr Leben zurückblicken? Das sind alles Fragen, die nur Sie beantworten können und für die Sie sicherlich Zeit brauchen. Es ist nicht schlimm, wenn Sie erst in mehreren Tagen eine Antwort finden und im Moment noch nicht genau wissen, was Sie eigentlich wollen. Gehen Sie nicht mit dem gleichen Perfektionismus an diese Aufgabe, mit der Sie alle anderen Aufgaben erledigen. Diese Notizen werden nur Sie lesen und es ist wichtig, dass Sie ehrlich zu sich sind, denn nur so können Sie weiterkommen.

Nachdem Sie für sich passende Antworten gefunden haben, ist es an der Zeit, dass Sie den Ist-Zustand mit dem Soll-Zustand vergleichen. Schauen Sie sich dafür Ihr aktuelles Leben an und überlegen Sie sich, wie zufrieden Sie damit sind. Was ist schon so, wie Sie es gerne hätten? Was wollen Sie noch ändern? Welche Dinge tun Ihnen vielleicht nicht gut? Wie können Sie Ihr Leben so verändern, dass Sie glücklich damit sind? Auch für diese Fragen werden Sie Zeit brauchen und manchmal ist es hilfreich, sich bei engen Freunden, Geschwistern oder anderen Personen eine zweite Meinung einzuholen. In vielen Fällen ist das Selbstbild nicht wie das Fremdbild, und oft sieht man sich schlechter, als man eigentlich ist. Um Falscheinschätzungen zu vermeiden, die daraus meist resultieren, ist eine zweite oder auch dritte Meinung durchaus von Vorteil. Stellen Sie aber sicher, dass Sie der Person wirklich vertrauen können und Sie ein ehrliches Feedback bekommen, denn anders hat diese Übung nur wenig Sinn. Finden Sie heraus, wer Sie jetzt sind, und erkennen Sie die Unterschiede zu dem, der Sie gerne sein wollen.

Als letzte Frage – vielmehr als letzte Aufgabe – geht es noch darum, wie Sie vom Ist-Zustand zu dem gelangen, was Sie sich für Ihre Zukunft vorstellen. Das Erkennen ist die eine Sache, doch den Weg tatsächlich zu gehen und wirklich etwas zu verändern, ist meist deutlich schwieriger. Wenn Sie aber Schritt für Schritt vorgehen und ehrlich zu sich selbst sind, dann werden Sie es sicherlich schaffen und schon bald eine positive Veränderung spüren. Nicht nur die Umsetzung selbst ist sehr wichtig, es ist auch von großer Bedeutung, dass Sie sich immer wieder prüfen und darauf achten, nicht in alte Verhaltensmuster zu rutschen. Routinen lassen sich nur schwer ablegen und wenn aus ihnen schon ein Automatismus geworden ist, ist es noch schwerer. Aus diesem Grund ist es auch hier wieder sehr praktisch, wenn

Sie sich eine Begleitperson suchen, die Ihnen hilft, die Veränderung tatsächlich umzusetzen. Sie kann Sie darauf hinweisen, wenn Sie mal wieder anfangen, viel zu streng mit sich zu sein oder ohne Pause durchzuarbeiten. Sie müssen den Weg nicht allein gehen und können sich gerne Hilfe suchen, um mit mehr Sicherheit und mehr Erfolg Ihr neues Leben zu realisieren.

Wofür???

Eine andere Übung, die Sie gut allein durchführen können und die auch deutlich schneller geht, ist diese Aufgabe. Auch hier können Sie sich wieder etwas zum Schreiben nehmen und es sich gemütlich machen. Nehmen Sie sich am besten den Nachmittag frei, damit Sie in Ruhe nachdenken können und nicht von unerledigten Aufgaben oder Terminen abgelenkt werden. Neben den eben beantworteten Fragen ist nämlich auch die Frage nach dem Wofür sehr wichtig und Sie sollten sich unbedingt ohne große Ablenkungen darüber Gedanken machen können.

Schon in einem der vorherigen Kapitel haben Sie darüber nachgedacht, warum Sie Dinge in Ihrem Leben machen und wofür Sie mehr Selbstdisziplin erlangen wollen. In diesem Fall geht es genau um die entgegengesetzte Frage und darum, wofür Sie zu viel Selbstdisziplin brauchen und wofür Sie so streng zu sich sind. Eigentlich gibt es dafür nämlich keinen Grund und Sie haben jedes Recht dazu, das Leben in vollen Zügen zu genießen und neben der Arbeit auch an schöne Dinge zu denken. Selbst wenn Sie Fehler machen, sollten Sie diese lieber nutzen, um aus ihnen zu lernen und sie in konstruktive Kritik zu verpacken.

Sie haben nichts davon, wenn Sie sich nur mit mehr und härterer Arbeit bestrafen. In den meisten Fällen tun auch etwas Abstand und die Möglichkeit, den Kopf freizubekommen, sehr gut. Weniger Selbstdisziplin hängt oft auch mit mehr Selbstliebe zusammen und wenn Sie es schaffen, sich und Ihre Handlungen besser zu akzeptieren, werden Sie auch nicht mehr so streng mit sich selbst umgehen. Natürlich bringt auch das einige Schwierigkeiten mit sich und nicht jeder schafft es, sich einfach selbst zu lieben. Vielleicht haben Sie auch immer wieder Momente, in denen Sie sich überhaupt nicht leiden können und sich fragen, was Sie eigentlich schon wieder für einen Mist gemacht haben.

Warum das so ist, ist schwer zu sagen, aber mit ein bisschen Geduld und den richtigen Tricks werden Sie es bald schaffen, sich wieder mehr selbst zu lieben. Sie können zum Beispiel damit anfangen, alles als Chance zu sehen. Ein Fehler ist nicht automatisch schlecht, denn ohne diesen hätte man vielleicht gar nicht gelernt, wie es richtig geht. Ohne Versagen kann es auch keinen Erfolg geben und jeder von uns fängt einmal klein an. Glauben Sie, dass Einstein, da Vinci oder Mozart schon als kleines Kind wussten, was sie einmal machen werden? Auch sie haben einmal Fehler gemacht, falsche Töne gespielt oder falsche physikalische Zusammenhänge erschlossen. Aber nur durch ihre Fehler konnten andere entdecken, wie es richtig geht, oder sie selbst darauf kommen, dass etwas so nicht stimmen kann. Sehen Sie Ihre Arbeit nicht als Pflicht an, sondern als Chance, die Welt zu bereichern und etwas für die Allgemeinheit zu tun. Genau so sollten Sie auch eine Einladung zu einem Treffen, einem Spieleabend oder einem Date als Möglichkeit sehen, um andere Personen kennenzulernen und Ihren Horizont zu erweitern. Verstecken Sie sich nicht hinter dem Gedanken, dass Sie alles perfekt machen müssen und Sie sowieso nicht gemocht werden. Leben Sie Ihr Leben so, wie Sie es wollen, denn es ist Ihr Leben und Sie haben nur eins davon.

6.3 MIT AFFIRMATIONEN WIEDER MEHR STÄRKE ERLANGEN

Vielleicht haben Sie schon einmal von dem Begriff Affirmationen gehört oder sogar selbst Affirmationen angewendet. Wenn das aber nicht der Fall ist, dann werden Sie auf den nächsten Seiten lernen, was genau Affirmationen sind und wie Sie diese sinnvoll nutzen können. Dieses Kapitel bezieht sich dabei nicht nur auf die Problematik der Selbstdisziplin, sondern auf den gesamten vorangegangenen Inhalt. Sie können sie also sowohl für das Erlangen von mehr Disziplin als auch für mehr Selbstliebe nutzen. Allgemein können Affirmationen Ihnen dabei helfen, Ihr Selbstbild zu verbessern und Ihr Selbstbewusstsein zu stärken. Wie eben angesprochen, haben viele alltägliche und vor allem psychische Probleme ihren Ursprung darin, dass Sie selbst zu streng mit sich umgehen und sich jeden kleinen Fehler hoch anrechnen. Viele Menschen haben das Problem, dass sie den Fokus immer nur auf ihre Schwächen legen und nur die Dinge sehen, die noch getan werden müssen oder in der Vergangenheit schief gegangen sind. An diesem Punkt der ständigen Selbstabwertung setzen auch die Affirmationen an, die auf das lateinische Wort *affirmare* zurückgehen, was so viel wie *bestärken* oder *beteuern* bedeutet.

Ihr Unterbewusstsein ist ununterbrochen damit beschäftigt, Ihre Leistung mit der von anderen zu vergleichen und Ihnen zu zeigen, wie viel schneller, wie viel besser oder wie viel motivierter andere doch sind. Sie haben dadurch kaum eine Möglichkeit, sich auf Ihre Stärken zu konzentrieren, und zweifeln immer stärker an sich selbst. Diese negativen Gedanken beeinflussen auch Ihren Alltag stark und wirken sich auf Ihre psychische Gesundheit und Ihre Motivation aus. Das muss aber in der Zukunft kein Dauerzustand mehr sein. Wenn Sie sich die nächsten Seiten sorgfältig durchlesen und zu Herzen nehmen, werden Sie mit Hilfe von Affirmationen immer stärker werden.

Bei Affirmationen geht es nämlich darum, dass Sie Ihre negativen Glaubenssätze, die Ihnen Ihr Unterbewusstsein immer wieder vorsetzt, durch positive ersetzen. Diese Formulierungen sollen Ihnen Kraft geben und Sie unterstützen, wenn Sie versuchen, diszipliniert zu bleiben oder sich selbst mehr wertzuschätzen. Mit ausreichend Zeit, Übung und Durchsetzungsvermögen können Sie durch die richtigen Formulierungen Ihr Selbstbewusstsein um Welten verbessern und auch Ihre Selbstdisziplin antreiben. Damit die Sätze aber wirklich wirken, ist es sehr wichtig, dass Sie zu Ihren negativen Glaubenssätzen passende positive Sätze finden. Sie werden nur wenig Erfolg haben, wenn Sie einfach die erstbesten Sätze aus dem Internet kopieren oder direkt Freunde nach Formulierungen fragen. Die Affirmationen sollten optimal auf Ihre Situation zugeschnitten sein und für Sie selbst eine aussagekräftige Bedeutung haben. Natürlich können Sie sich zuerst etwas Inspiration im Internet holen, doch die fertigen Sätze sollten Sie auf jeden Fall noch ausreichend personalisieren. Damit Ihnen das nicht so schwerfällt, finden Sie nun die fünf wichtigsten Dinge, auf die Sie unbedingt achten sollten.

1. Bedeutung: Bevor Sie sich um die genaue Formulierung kümmern, müssen Sie noch herausfinden, was Ihre negativen Glaubenssätze überhaupt aussagen. Schließlich sollen die Affirmationen genau darauf zugeschnitten sein und jeden Satz entkräften, der Ihnen Energie und Selbstvertrauen nimmt. Um diese Glaubenssätze zu finden, können Sie über einen Zeitraum von mehreren Tagen Ihre Gedanken beobachten und kurz innehalten, wenn Sie merken, dass Sie sich selbst abwerten. Egal, wie klein und scheinbar unbedeutend die negative Aussage ist, notieren Sie sich erst einmal alle Sätze, die Ihnen auffallen. „Jetzt habe ich es schon wieder nicht geschafft, meine Ziele zu erreichen! Mal wieder habe ich keinen Sport gemacht! Das mit der Selbstdisziplin funktioniert bei mir einfach überhaupt nicht.“ Jeder kennt solche typischen Sätze und genau um diese soll es nun gehen. Wenn Sie nach ein paar Tagen einige Glaubenssätze finden konnten und das Gefühl haben, dass Sie keinen wichtigen vergessen haben, können Sie damit anfangen, etwas mehr Ordnung in Ihre Notizen zu bringen. Schauen Sie, ob die Sätze etwas gemeinsam haben und vielleicht das gleiche Thema ansprechen. Bilden Sie kleine Untergruppen, damit Sie im Anschluss wenige, besonders effektive Affirmationen formulieren können. Hierbei ist es besonders wichtig, dass Sie sich selbst genau beobachten und sich auch eingestehen, wenn Sie sich schlechter machen als Sie eigentlich sind. Überlisten Sie Ihr Unterbewusstsein und lassen Sie sich nicht von Ihren negativen Glaubenssätzen die Zukunft verbauen.

2. Wortwahl: Nachdem Sie nun also wissen, um welche Themen es gehen soll und wofür Sie Affirmationen brauchen, können Sie mit der Formulierung beginnen. Dabei spielt die Wortwahl eine überraschend große Rolle und es kann durchaus ein paar Stunden Zeit in Anspruch nehmen, bis Sie Ihre Affirmationen gefunden haben. Die negativen Glaubenssätze haben sich nun schon seit mehreren Monaten oder Jahren in Ihrem Gedächtnis verfestigt und da braucht es starke Affirmationen, um gegen sie vorzugehen. Sie müssen darauf achten, dass Ihre neuen und positiven Glaubenssätze wirklich nur positive Energie und Stärke bringen und nicht durch versteckte Bedeutungen doch wieder zu einer Abwertung führen. Noch dazu sollten Sie die Sätze möglichst klar und deutlich formulieren, damit sie nicht nur heute und in diesem Moment eine Wirkung haben, sondern auch noch nach mehreren Wochen oder Monaten brauchbar sind.

Nicht zuletzt sollten Sie Ihre Affirmation am besten mit den Worten „Ich bin..." anfangen, denn so sprechen Sie sich direkt an und Ihr Unterbewusstsein hat keine Möglichkeit, wieder irgendeine Ausrede zu finden. Noch dazu ist der Konjunktiv äußerst ungeeignet und eine Affirmation wie „Ich könnte es in Zukunft besser machen" zeigt nur wenig Wirkung. Überlegen Sie sich lieber *„Zwar-aber-*Sätze" und versuchen Sie, damit eine passende Formulierung zu finden. „Ich habe zwar in den letzten Wochen öfter Fehler gemacht und nicht das erreicht, was ich wollte, aber dafür habe ich viel gelernt und kann mit mehr Stärke und Selbstbewusstsein in die Zukunft blicken." Solche Sätze haben eine spürbare Wirkung und Sie verleugnen auch nicht, dass etwas mal nicht so gut gelaufen ist oder Sie Schwierigkeiten hatten. Fehler dürfen auch bei Affirmationen angesprochen werden, solange sie am Schluss zu einer positiven und stärkenden Folgerung führen.

Ein kleiner Tipp am Rande: Auch die Reihenfolge der *„Zwar-aber-*Sätze" kann entscheidend sein, denn obwohl die folgenden zwei Sätze eigentlich nahezu dasselbe aussagen, macht Ihr Unterbewusstsein etwas ganz anderes aus ihnen: „Ich bin zwar oft an Aufgaben gescheitert, aber ich habe dadurch viel Neues gelernt und kann die Aufgaben jetzt besser bearbeiten." oder „Ich habe zwar viel Neues gelernt und kann Aufgaben jetzt besser bearbeiten, aber in der Vergangenheit bin ich oft an Aufgaben gescheitert.“ Beim ersten Satz gehen Sie anschließend mit einem positiven Gefühl weiter und haben eine gewisse Sicherheit, dass Sie wieder mehr erreichen können. Der zweite Satz dagegen hinterlässt eher ein negatives Gefühl und der Fokus liegt vor allem darauf, dass Sie in der Vergangenheit oft gescheitert sind. Probieren Sie aus diesem Grund Ihre Sätze am besten in beiden Richtungen aus und überlegen Sie sich, welcher Ihnen mehr Stärke bringt und ein positives Gefühl hinterlässt.

3. Stimmigkeit: Nun spielt auch noch die passgenaue Formulierung Ihrer Affirmation eine Rolle. Sie müssen sich bewusstmachen, dass schon kleine Unstimmigkeiten dazu führen können, dass Ihr positiver Glaubenssatz keine Wirkung zeigt. Wenn Ihre Affirmation zu schwach ist oder Sie sie zu unsicher formulieren, können Sie damit die starken negativen Glaubenssätze nicht außer Kraft setzen. „Vielleicht könnte ich in Zukunft mehr aus meinen Fehlern lernen“, wird Sie sicherlich nicht davon überzeugen, dass es nicht schlimm ist, Fehler zu machen. Stattdessen würde Ihr Unterbewusstsein es immer noch schaffen, Ihnen die Fehler hoch anzurechnen, und Sie wären weiterhin unzufrieden mit sich selbst. Verzichten Sie allerdings auf den Konjunktiv und sprechen am besten in der Gegenwart, können die Affirmationen viel effektiver wirken. „Ich lerne aus meinen Fehlern und akzeptiere, dass ich nicht perfekt bin.“, hört sich gleich viel besser an. Aber Achtung! Nicht nur zu schwache Sätze können ihre Wirkung verfehlen, auch zu stark und unrealistisch formulierte Affirmationen werden nicht glaubhaft genug sein. Überlegen Sie sich daher Sätze, die wirklich gut zu Ihrer persönlichen Situation passen. Wählen Sie Formulierungen, die Sie glauben können und von denen Sie wissen, dass sie die richtige Stärke haben.

4. Zeit: Wieder einmal ist auch die Zeit ein wichtiger Aspekt. Wenn Sie zu schnell zu viel erwarten und sich dadurch nicht richtig auf Ihre positiven Glaubenssätze fokussieren, dann wird Ihr Unterbewusstsein nicht überzeugt davon sein. Erinnern Sie sich daran zurück, wie lange Sie sich schon die negativen Glaubenssätze eingeredet haben. Sicherlich hat das nicht erst vor ein paar Tagen angefangen und aus diesem Grund wird es auch länger als ein paar Tage dauern, um sich von den positiven Affirmationen zu überzeugen. Schon das Formulieren der Sätze nimmt einige Zeit in Anspruch, aber wenn Sie dafür genügend Ruhe finden, werden Sie später mit einem schnelleren Erfolg belohnt werden. Nachdem Sie die Sätze formuliert haben, geht es an den etwas schwierigeren Teil und Sie müssen sich die Affirmationen immer wieder ins Gedächtnis rufen. Sobald Sie merken, dass Sie sich selbst abwerten, müssen Sie sich an Ihre positiven Glaubenssätze erinnern. Vergleichen Sie die Situation vielleicht mit Ihrem angefrorenen Auto im Winter. Zu Beginn ist es hart, das Auto von Eis zu befreien und die dicke Eisschicht scheint sich kaum zu verkleinern. Sind Sie dann endlich mal vorwärtsgekommen, frieren ein paar Teile wieder ein und Sie müssen noch einmal kratzen. Aber wenn Sie genug Energie investiert haben und endlich losfahren können, wird die Wärme im Auto verhindern, dass das Eis zurückkommt. Alles braucht seine Zeit. Am Anfang wird es sicherlich viele Momente geben, in denen Sie frustriert sind oder nicht an die Wirkung glauben, doch je öfter Sie die Sätze wiederholen, desto stärker wird die Wirkung.

5. Anzahl: Dieser Tipp ist vielleicht nicht ganz so entscheidend wie die ersten vier, doch können Sie sich dadurch viel Energie und Zeit bewahren. Schließlich spielt auch die Anzahl Ihrer Affirmationen eine wichtige Rolle und kann entscheidend für eine schnelle Wirkung sein. Wenn Sie an Ihrem Schlüsselbund 15 Schlüssel haben, die alle ähnlich aussehen, aber für unterschiedliche Schlösser gemacht sind, werden Sie einige Zeit brauchen, um jedes Mal den richtigen Schlüssel zu finden. Haben Sie stattdessen aber nur vier oder fünf Schlüssel, die etwas unterschiedlich geformt sind und mehrere Türen aufschließen können, brauchen Sie nicht mehr ganz so lang für die Suche nach dem richtigen Schlüssel.

Ähnlich ist es auch bei positiven Glaubenssätzen, denn wenn Sie zu viele haben, die alle zu unterschiedlichen negativen Glaubenssätzen passen könnten, dann müssen Sie jedes Mal erst nach dem richtigen suchen. Wenn Sie zum Beispiel für den Satz „Ich mache immer Fehler." fünf unterschiedliche Affirmationen haben, dann müssen Sie immer erst entscheiden, welche nun am besten passt. Das kostet nicht nur Zeit, sondern ermöglicht Ihrem Unterbewusstsein immer wieder aufs Neue, den negativen Glaubenssatz zu festigen. Doch diese Unsicherheit können Sie ganz einfach vermeiden, indem Sie für jeden negativen genau einen positiven Glaubenssatz formulieren. So wissen Sie sofort, welchen Schlüssel Sie brauchen. Zusätzlich können Sie sich aber auch noch ein paar „Generalschlüssel" überlegen, die mehrere Türen gleichzeitig aufschließen. Für den Notfall können Sie damit gleich mehrere negative Glaubenssätze auf einmal wirksam ausschalten. Dafür sollte die Affirmation allerdings besonders stark und glaubwürdig sein, damit sie wirklich die Kraft hat, Sie von Ihrem Können und Ihren Stärken zu überzeugen.

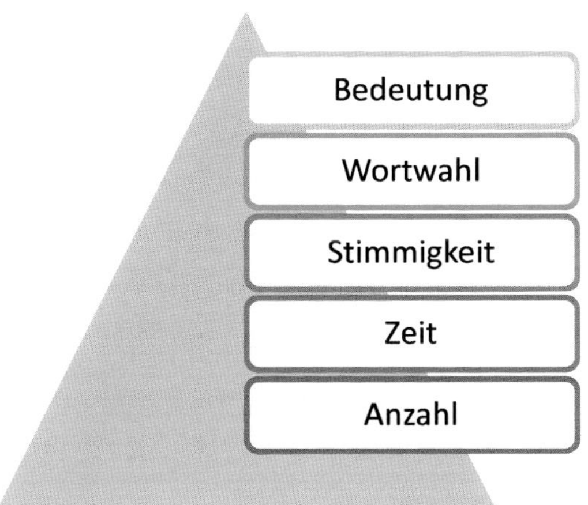

Nun wissen Sie, wie Sie Affirmationen optimal formulieren können, doch wann genau Sie sie einsetzen können, fehlt bei der Erklärung noch. Unter anderem liegt das daran, dass Affirmationen in sehr zahlreichen Situationen eingesetzt werden können. Diese positiven Glaubenssätze können Ihnen in vielen Momenten helfen, mehr Selbstbewusstsein zu erlangen oder mit mehr Disziplin an die Lösung von Aufgaben zu gehen. Egal, ob Sie privat, beruflich oder im Alltag negative Glaubenssätze aus dem Weg räumen wollen, mit Hilfe von Affirmationen wird Ihnen das immer besser gelingen. Schließlich ist es ihre Funktion, Sie von Ihrem Können zu überzeugen und Ihnen zu zeigen, wie stolz Sie eigentlich auf sich sein können.

Vielen fällt es sehr schwer, sich so zu akzeptieren, wie sie sind, und auch einmal die positiven Aspekte zu sehen, doch dank dieser Sätze wird es Ihnen wieder deutlich leichter fallen. Sie werden sehen, dass Sie viele Stärken haben, liebenswert sind und erfolgreich sein können, wenn Sie nur genug an sich glauben. Sicherlich kennen Sie den Vergleich von Teufelchen und Engelchen, die beide auf Ihren Schultern sitzen, um einen ständigen Kampf zu führen. Bevor Sie mit den positiven Affirmationen beginnen, ist Ihr Teufel deutlich stärker und hat den armen Engel fast vollkommen k. o. geschlagen. Doch jetzt erholt sich das Engelchen, das immer an Sie geglaubt hat, langsam wieder und schafft es, sich dem Teufel entgegenzustellen. Es gewinnt an Größe, wobei es dem Teufelchen Größe nimmt. Die Affirmationen schaffen es, Ihren inneren Selbstkritiker immer weiter zu schwächen, um endlich wieder die positiven Seiten zu sehen und Ihre Stärken zum Vorschein zu bringen. Merken Sie sich aber, dass Sie nur wenig erreichen können, wenn Sie lediglich schnell irgendwelche Sätze zusammenbauen und in jeder Situation aufs Neue überlegen müssen. Je besser Sie sich die Affirmationen im Voraus überlegen, desto effektiver können sie auch wirken.

Das alles lässt sich auch leicht mit dem Wirkungsprinzip der Affirmationen erklären. Ihr Gehirn befindet sich nämlich in einem ständigen Lernprozess und je öfter Sie eine Sache wiederholen, desto besser erinnern Sie sich später daran. Auch Ihre negativen Glaubenssätze haben sich durch dieses Prinzip verfestigt, denn über Wochen oder Monate hinweg haben Sie sich diese immer wieder eingeredet. Nun kommen aber Ihre positiven Sätze an die Reihe, die Sie in den nächsten Wochen regelmäßig üben müssen. Sie müssen Ihr Gehirn darauf trainieren, die Verbindung zu den schwächenden Sätzen abzubauen, um eine neue Verbindung zu stärkenden Glaubenssätzen aufbauen zu können. Es ist wichtig, dass Sie sich die Sätze nicht nur intensiv überlegen, sondern auch für die Umsetzung ausreichend Zeit einplanen. Ein Trampelpfad im Wald entsteht auch nur dadurch, dass man sich immer wieder die gleiche Strecke durch das Dickicht freikämpft. Solche Wege sind nicht auf einmal da, sondern müssen immer wieder gegangen werden, um sich zu zeigen. Jedes Mal, wenn Sie statt des negativen einen positiven Glaubenssatz verwenden, machen Sie Ihren Weg ein Stückchen breiter und irgendwann müssen Sie nicht mehr lange suchen, um den richtigen Weg zu finden.

Zusätzlich können Affirmationen Ihnen aber auch dabei helfen, an Ihren Stärken und Schwächen zu arbeiten. Mit der Hilfe von positiven Glaubenssätzen können Sie nämlich auch Ihre Stärken ausbauen, während Sie gleichzeitig Ihre Schwächen verkleinern. Nach dem Motto „Stärken Sie Ihre Stärken und schwächen Sie Ihre Schwächen“ gibt es viele Möglichkeiten, um Ihr Selbstbild positiv zu verändern. Sie können sich beispielsweise viel besser ermutigen, Neues zu lernen oder lernen, nicht nur auf Misserfolge zu schauen, sondern auch bereits gelungene Dinge zu sehen.

„Bis jetzt schaffe ich es zwar noch nicht, meine Ernährungsweise wirklich gesund zu halten, dafür gehe ich aber regelmäßig zum Sport und achte mehr auf mein Hunger- und Sättigungsgefühl.“ Ein solcher Satz zeigt Ihnen nicht nur, dass Sie daran gescheitert sind, Ihre Ernährung ausreichend umzustellen. Vielmehr entkräften Sie diese negative Sicht direkt mit Punkten, die schon gut funktionieren und deutlich besser klappen als vorher. Sie konzentrieren sich dadurch nicht nur auf Ihre Schwächen, sondern haben immer gleich auch Ihre Stärken im Blick. Eine andere Formulierung könnte auch sein: „Ich bin stark genug, um meine Ernährungsweise in Zukunft noch weiter zu optimieren." In diesem Fall konzentrieren Sie sich wirklich nur darauf, was Sie alles noch erreichen können, und rufen sich gleichzeitig auch in Erinnerung, dass alles ein immer fortlaufender Prozess ist, der Zeit in Anspruch nimmt.

Lassen Sie Ihre Gedanken nicht Ihr Selbstbewusstsein kontrollieren, sondern kontrollieren Sie selbst Ihre Gedanken, und Ihnen werden alle Türen offenstehen. Denken Sie positiv statt negativ und betrachten Sie die Dinge nicht nur von einer Seite, sondern wechseln Sie auch einmal die Perspektive. Affirmationen können eine unglaubliche Kraft haben und mit ausreichend Überzeugung und Übung können Sie alles erreichen und Ihr Leben selbst in die Hand nehmen. Es ist nicht nötig, von negativen Gefühlen und Misserfolgen geschwächt zu werden, nutzen Sie diese lieber, um über sich hinauszuwachsen und Ihren Horizont zu erweitern. Zum Schluss dieses Kapitels finden Sie hier noch zehn Beispiele für wirkungsvolle Affirmationen. Vielleicht ist auch das eine oder andere dabei, was gut zu Ihrer eigenen Situation passt.

Ich glaube an mich und lerne, meine Stärken immer mehr wertzuschätzen.
Ich weiß, dass das Leben nicht immer gerade läuft, aber dass nach schlechten Zeiten immer auch wieder gute Zeiten kommen.
Ich mache zwar noch nicht so viel für meine Gesundheit, wie ich es gerne würde, aber ich gehe jeden Tag weitere Schritte hin zum Ziel.
Ich bin stark und kann meine Ziele erreichen.
Ich habe die Disziplin, mich auch durch nervige Aufgaben durchzukämpfen, und kann den Erfolg danach genießen.
Ich lebe mein Leben so, wie ich es will, und treffe meine eigenen Entscheidungen.
Ich sehe meine Fehler als Chance, um für die Zukunft zu lernen.
Ich liebe mich so, wie ich bin, und dafür werde ich auch von anderen geliebt.
Ich akzeptiere andere Meinungen und versuche, einen guten Zwischenweg zu wählen.
Ich bin glücklich und genieße mein Leben, denn es ist ein Geschenk.

6.4 MEDITATIONEN UND ACHTSAMKEITSÜBUNGEN HIN ZUR SELBSTLIEBE

Im letzten Kapitel soll es nun abschließend um die Themen Achtsamkeit und Meditation gehen und Sie werden lernen, wie Sie damit mehr Selbstdisziplin und Ruhe erlangen können. Diese beiden Punkte stellen einen wichtigen Grundpfeiler für ein ausgeglichenes und wertungsfreies Leben dar. Sicherlich sind Sie oft mit den Gedanken in der Zukunft oder in der Vergangenheit, um Situationen zu bewerten oder sich viel zu viele Sorgen um zukünftige Ereignisse zu machen. In den meisten Fällen tun Sie das vermutlich, ohne achtsam zu sein, denn Achtsamkeit bedeutet, Dinge zu akzeptieren. Es geht nicht darum, ob etwas gut oder schlecht ist, ob etwas nervt oder nicht, es geht vielmehr um die Dinge an sich.

Wer es schafft, achtsam zu sein, der kann im Hier und Jetzt leben und sich von der Vergangenheit lösen. Das Wetter ist nicht schlecht und die Arbeit nervt auch nicht, beide Sachen sind einfach nur da, allein Ihre Bewertung macht sie zu guten oder schlechten Dingen. Leider passiert das wie von selbst und die Bewertungen finden bereits statt, bevor Sie überhaupt etwas dagegen tun können. Aber wenn Sie es schaffen, sich von diesen übermäßigen Gedanken um die Zukunft und die Vergangenheit zu befreien, können Sie achtsamer leben und gleichzeitig auch viel zufriedener sein. Durch weniger Bewertungen werden Sie sich bald glücklicher fühlen, Sie können Ihre Beziehungen verbessern und sogar auf Ihre Arbeit kann es positive Auswirkungen haben. Sie sind viel ausgeglichener, Kleinigkeiten können Sie nicht mehr so leicht ablenken und auch Ihr Selbstbewusstsein und Ihre Selbstdisziplin profitieren davon. Grund für Ihre mangelnde Achtsamkeit ist nicht, dass Sie etwas falsch machen, sondern dass Ihr Gehirn Sie einfach vor zu viel Anstrengung schützen will.

Ein Großteil Ihrer Handlungen läuft, genau wie bei jedem anderen Menschen, auf Autopilot und Sie können sie gar nicht so aktiv steuern. Eigentlich ist das auch gut so, denn wenn Sie vor allem, was Sie machen, überlegen müssten, ob das so passt, ob eine andere Möglichkeit nicht besser wäre oder ob es irgendwelche Folgen nach sich zieht, würden Sie nicht weit kommen und in den ganzen Aufgaben untergehen. Ihr Gehirn schützt Sie dadurch also vor Überanstrengung und hilft Ihnen, durch den Alltag zu kommen. Doch durch dieses Einschreiten kommt es oft auch dazu, dass sich Ihr Gehirn über viele Dinge eine eigene Meinung bildet. Es fängt damit an, allem einen Stempel aufzudrücken und es in gut oder schlecht einzuordnen. Zum Glück können Sie aber etwas dagegen tun, und langsam ist es an der Zeit, dass Sie selbst entscheiden, wie Sie und ob Sie überhaupt solche Bewertungen machen wollen.

Zum Glück gibt es in diesem Bereich inzwischen sehr viele Übungen, die Sie auch bequem von zu Hause, im Zug oder auf der Arbeit erledigen können. Hilfsmittel sind hier überflüssig und je nach Lust und Laune können Sie ein paar Übungseinheiten immer wieder in Ihren Alltag einbauen. Wenn Sie wollen, können Sie die Übungen auch gemeinsam mit Freunden machen, oder Sie gehen in ein Yogastudio oder absolvieren einen Onlinekurs, um sich professionelle Unterstützung zu holen. Spezielle Seminare, YouTube-Videos oder Podcasts bieten Ihnen ausreichend Möglichkeiten an, um Ihre Achtsamkeit zu trainieren und mit Meditationen, Yoga oder Traumreisen wieder zu sich selbst zu finden.

Bei den Achtsamkeitsübungen gibt es viele verschiedene Techniken, wobei alle ein gemeinsames Ziel haben, nämlich die Stressreduktion und eine bessere Selbstwahrnehmung. Sie können dadurch üben, eine offenere Einstellung zu entwickeln und bewusster im Augenblick zu leben. Ihnen kann es zusätzlich dazu aber auch gelingen, Dinge so zu akzeptieren, wie sie sind und nicht alles sofort zu bewerten. Wichtig ist dabei vor allem, dass Sie sich ausreichend Zeit nehmen und nicht gleich am Anfang einen Effekt erwarten. Vielen fällt es schwer, sich richtig auf die Übungen zu konzentrieren, und es wird auch für Sie sicherlich erst einmal ein komisches Gefühl sein.

Eine große Hilfe ist es dabei, wenn Sie das Prinzip der Achtsamkeit verstanden haben und wissen, warum und wofür Sie diese Übungen anwenden können. So haben Sie ein konkretes Ziel vor Augen und verstehen den Sinn hinter den Übungen besser. Als Inspiration finden Sie nun ein paar unterschiedliche Beispielübungen, die Ihre Achtsamkeit trainieren können. Dabei kann es aber auch vorkommen, dass Ihnen diese Übungen nichts bringen und Sie weitere Techniken ausprobieren müssen. Seien Sie dann nicht enttäuscht und geben Sie die Suche nicht auf, sondern lassen Sie sich auf andere Übungen ein und finden Sie Ihren eigenen Weg.

Übung 1: Bei der ersten Übung suchen Sie sich eine bequeme Sitzposition, in der Sie problemlos zehn Minuten verweilen können. Dabei spielt es keine Rolle, wo und wie Sie sitzen. Ob auf der Couch, am Küchenboden oder auf einem Baum im Wald, wichtig ist nur, dass Sie in diesen zehn Minuten von nichts gestört werden und sich gut konzentrieren können. Wenn Sie dann Ihre Sitzposition gefunden haben, richten Sie Ihren Blick geradeaus und konzentrieren sich voll auf Ihre Atmung.

Sie können Ihre Atemzüge zum Beispiel mitzählen oder sie mit den Worten „Ein" und „Aus" begleiten. Mit der Zeit werden automatisch andere Gedanken in Ihren Kopf kommen und Sie werden abgelenkt. Und hier fängt die Achtsamkeit an, denn jetzt ist es wichtig, dass Sie nicht anfangen, die Gedanken zu bewerten oder sich zurechtzuweisen, warum Sie es noch nicht einmal zehn Minuten schaffen, sich auf Ihre Atmung zu konzentrieren. Lassen Sie die Gedanken einfach vorbeifließen und kommen Sie immer wieder zu Ihrer Atmung zurück. Mit der Zeit werden Sie merken, dass Ihnen das immer besser gelingt und dass Sie immer weniger Ihren Gedanken folgen. Machen Sie die Übung aber nicht zu lange am Stück, sondern immer wieder für ein paar Minuten, denn achtsam zu bleiben ist anstrengend und je länger Sie die Übung durchgehend machen, desto schwerer wird es Ihnen fallen und am Schluss gehen Sie womöglich mit einem negativen Gefühl aus der Übung, weil Sie es zum Ende hin nicht mehr geschafft haben, achtsam zu bleiben. Konzentrieren Sie sich lieber auf kleine Etappen und nutzen Sie Erfolgsmomente, so erzielen Sie auch die beste Wirkung.

Übung 2: Diese Übung ist perfekt für unterwegs und wird auch „Gehmeditation" genannt. Allerdings ist sie auch ein bisschen schwieriger als die erste und Sie werden merken, dass Sie dabei auf ganz neue Herausforderungen stoßen. Hier geht es darum, dass Sie für ein paar Minuten achtsam gehen. Sie sollten also gerade nicht im Stress sein und noch schnell zum Bahnhof oder zum nächsten Termin rennen, sondern Zeit haben, um für zehn bis fünfzehn Minuten eine Gehmeditation machen zu können. Achten Sie dabei auf alles, was Ihnen auffällt. Wie fühlt es sich an, wenn Sie Ihren Fuß auf den Boden setzen? Was hören Sie in Ihrer Umgebung? Was können Sie sehen? So können Sie nach und nach jeden Ihrer Sinne abarbeiten und Ihr Umfeld genau wahrnehmen. Beschreiben Sie die Dinge aber nur und fangen Sie nicht an, sie zu bewerten. Es geht darum, dass Sie für ein paar Minuten Ihrem Gedankenkarussell und dem stressigen Alltag entfliehen und einfach nur beobachten. Ihr Lauftempo können Sie beliebig anpassen und Sie können auch einmal beim Joggen eine Achtsamkeitsübung einbauen. Drehen Sie sich vielleicht auch einmal um, schauen Sie in den Himmel oder machen Sie die Augen zu und konzentrieren Sie sich ganz bewusst auf das, was Sie hören. Diese Übung ist sehr vielfältig. Sie können sie immer wieder ein bisschen abwandeln und sich auch mal nur einen Sinn aussuchen, auf den Sie sich in der Zeit ganz besonders konzentrieren wollen.

Übung 3: Die dritte Übung eignet sich auch sehr gut für Gruppen und so können Sie auch einmal von anderen ein Feedback bekommen. Jeder von Ihnen kann sich dafür einen bestimmten, einfachen Gegenstand aussuchen. Es kann zum Beispiel ein Stück Stoff, ein Stein, ein Stift oder ein Apfel sein, schauen Sie einfach, was Sie gerade zur Verfügung haben. Wenn sich alle einen Gegenstand ausgesucht haben, fängt jeder für sich an, diesen genau zu beschreiben. Achten Sie dabei auch auf Kleinigkeiten, die eigentlich selbstverständlich sind. Nutzen Sie Ihre Sinne aus und riechen, fühlen oder hören Sie Ihren Gegenstand. Was fällt Ihnen dabei auf? Haben Sie diese Punkte abgearbeitet, können Sie sich austauschen und gegenseitig die Gegenstände vorstellen. Dabei können die anderen darauf achten, wie achtsam man es gemacht hat und ob man zwischendurch auch bewertet hat. Mit dem Feedback können Sie anschließend an Ihrer Achtsamkeit arbeiten und sie immer weiter verbessern.

Übung 4: Eine Konzentrationsübung, die nicht nur für jedes Alter geeignet, sondern auch zu Hause, in der Arbeit oder bei der Fahrt nach Hause möglich ist, ist das Yoga. Grundsätzlich dient Yoga eigentlich dazu, sich zu entspannen und seine innere Mitte zu finden, doch inzwischen haben viele Studien gezeigt, dass Yoga noch einiges mehr kann und das Selbstbewusstsein, den Gleichgewichtssinn und sogar die Konzentration verbessert. Bei den Übungen ist es wichtig, ruhig und fokussiert zu bleiben. Auch wenn man zu Beginn der Yoga-Einheit noch aufgedreht und unkonzentriert ist, wird man durch den „Flow" wieder geerdet und kann sich besser konzentrieren. Sie können durch Yoga auch Ihre Selbstdisziplin unterstützen, wobei vor allem das Fingeryoga perfekt für unterwegs geeignet ist.

Yoga hat sowohl eine kurzfristige als auch eine langfristige Wirkung und ist dadurch sehr gut, um die Konzentration und Selbstdisziplin immer weiter aufzubauen. Noch dazu ist es sehr praktisch, dass Sie nicht wochenlang üben müssen, bis Sie eine Wirkung spüren, sondern schon die erste Einheit hilft. Sie können in Ihren Alltag auch feste Übungszeiten einbauen oder Sie nutzen Yoga als „Notfallhilfe" und setzen es dann ein, wenn Ihre Motivation und Konzentration gerade besonders abfallen. Durch regelmäßiges Üben können Sie die Zeit, bis die Yogaübungen helfen, deutlich verkürzen und schon nach einer oder zwei Übungen Erfolge sehen.

Der Knieplattler

Die erste Übung ist eine Überkreuzübung und eignet sich gut als Einstieg in die Yoga-Einheit, da sie etwas aktiver ist. Durch das Überkreuzen trainieren Sie neben Koordination und Aufmerksamkeit auch die Konzentration und verbinden rechte und linke Gehirnhälfte miteinander. Für die Übung begeben Sie sich zuerst in die Startposition, den aufrechten Stand, und fangen von da aus an, das rechte Bein 90° anzuwinkeln und mit der linken Hand abzuklatschen. Anschließend stellen Sie sich wieder auf Ihr rechtes Bein und winkeln das linke an, um es mit der rechten Hand abzuklatschen. Diesen Ablauf können Sie dann mehrmals wiederholen und dabei auch das Tempo immer weiter steigern, schließlich soll es nicht zu einfach werden und Sie sollten auch nach mehreren Durchgängen noch einen Effekt spüren. Sicherlich sind Sie danach noch nicht sofort ruhig und konzentriert, aber während Sie vor der Übung vielleicht sehr aufgedreht oder zerstreut waren, ist jetzt zumindest die Konzentration schon besser geworden. Zusätzlich wird durch die Bewegung auch der Kreislauf etwas in Schwung gebracht und das Gehirn wird wieder besser durchblutet. Sie müssen sich nicht komisch fühlen, wenn Sie im Büro mal kurz aufstehen, um eine kleine Übungseinheit einzubauen, vielleicht schließen sich sogar ein paar Kollegen an, und wenn Sie danach wieder mehr Motivation und Disziplin haben, ist es umso besser.

Das Konzentrations-Mudra

Bei dieser Art von Yoga geht es um Fingeryoga. Mudra ist eine super Möglichkeit, um auch unterwegs oder auf der Arbeit ohne große Action wieder zur Ruhe zu kommen. Sie können diese Übung überallhin mitnehmen und auch schnell vor einem Vortrag, einem wichtigen Meeting oder Ähnlichem unter dem Tisch nutzen, um noch einmal alle Gedanken zu sammeln. Die Übung wird durch eine positive Affirmation in ihrer Wirkung unterstützt. Diese Affirmation kann je nach Situation ganz unterschiedlich sein und zum Beispiel „Ich bin ganz konzentriert!", „Ich bin sehr mutig!" oder „Ich bleibe jetzt diszipliniert." lauten. Wichtig ist dabei nur, dass der Satz bekräftigend wirkt, aus vier Wörtern besteht und eine Ich-Botschaft enthält. Zu dem Satz, den man entweder laut oder in Gedanken sagen kann, kommt dann noch das Fingeryoga hinzu. Hierbei berührt der Daumen nach und nach jeden Finger derselben Hand und bei jeder Berührung wird ein Wort gesagt. So fällt auf den Zeigefinger „Ich", auf den Mittelfinger „bin", auf den Ringfinger „ganz" und auf den kleinen Finger „mutig". Im Gegensatz zur ersten Übung geht es hier aber nicht darum, immer schneller zu werden, sondern darum, durch langsame Wiederholung weiter zur Ruhe zu kommen. Finden Sie mit dieser Übung einen kleinen Kraftspender, um auch in Phasen, in denen Sie gerne alles über Bord werfen wollen, zu Ruhe und Disziplin zu finden.

Der Baum

Die wohl bekannteste Yogaübung, die auch für scheinbar Unbegabte sehr einfach ist, ist der Baum, bei dem ein Bein als Standbein dient und das andere mit dem Fuß auf dem inneren Oberschenkel des Standbeins abgestützt wird. Zusätzlich dazu können die Arme noch über dem Kopf zusammengeführt werden und die Fortgeschrittenen können die Übung auch mit geschlossenen Augen probieren. Bei dieser Figur wird die Konzentration durch Balance gefördert und die Ruhe kommt ganz automatisch, denn aufgedreht und hibbelig ist es sehr schwer, auf einem Bein stehend nicht umzufallen. Je nach Standsicherheit kann der Baum mehrere Atemzüge gehalten werden, bevor Stand- und Spielbein gewechselt werden. Oft ist das zweite Bein noch einmal eine besondere Herausforderung, denn viele nehmen zu Beginn ihr „stärkeres" Bein und geraten so in der zweiten Runde öfter ins Wanken. Auch hier geht es etwas um Selbstdisziplin, schließlich ist es in einem stressigen Alltag nicht immer leicht, sich die Zeit zu nehmen, um für ein paar Minuten Yoga zu machen. Wer beim Baum allerdings nicht diszipliniert ist und die Ruhe nicht akzeptiert, wird schnell ins Schwanken geraten. Mit mehr Disziplin schaffen Sie es schnell, auch längere Zeit in dieser Position auszuharren, und vielleicht können Sie irgendwann sogar die Augen schließen oder einen kleinen Ball von einer Hand zur anderen werfen.

Wie hilft Yoga möglichst effektiv beim Konzentrieren?

Um sich besser konzentrieren zu können und eine tatsächliche Verbesserung sehen zu können, ist es wichtig, dass zuerst folgende zwei Dinge gegeben sind: eine positive Grundhaltung und die Möglichkeit, loszulassen. Wer zu angespannt ist oder gerade schlechte Laune hat, wird auch Probleme haben, sich auf die Übungen einzulassen und dadurch wieder zur Konzentration zu gelangen. Zeitnot oder Leistungsdruck sind weitere negative Einflussfaktoren, die zuerst aus dem Weg geräumt werden sollten. Am Anfang empfiehlt es sich daher, einmal alles zu schütteln und die ganze Spannung loszuwerden.

Die Yogaübungen Lachkäfer, bei der man auf dem Rücken liegt und alle Viere von sich gestreckt hat, Hundeschütteln, bei der man einfach alles lockerlässt und losschüttelt, und Let´s Dance eignen sich gut für einen schnellen Spannungsabbau und danach kann es mit den eigentlichen Übungen weitergehen. Um anschließend wieder schneller zur Ruhe zu kommen, kann auch gleich das Fingeryoga gemacht werden, das einen starken Kontrast bildet. Oft ist es aber besser, wenn nicht so ein harter Schnitt erfolgt, sondern nach und nach zu ruhigeren Übungen gewechselt wird, damit man sich auch gut auf die einzelnen Figuren einlassen kann. Hier gilt wieder: Kommen Sie sich nicht komisch vor! Auch als Erwachsener darf man ab und zu auf dem Rücken liegen und alle Viere in die Lüfte strecken oder eine kleine Runde den Stress abtanzen. Nachgewiesenermaßen führt das nicht nur zu mehr Ruhe, sondern stärkt auch das Selbstbewusstsein, die Akzeptanz und die Disziplin.

Natürlich gibt es neben den vorgestellten Übungen noch viele weitere, die Sie durchführen können, um durch Achtsamkeit Ihre Selbstdisziplin und Ihre innere Einstellung zu stärken. Regelmäßige Abwechslung oder kleine Veränderungen bei den Übungen sind eine gute Möglichkeit, um auch nach mehreren Wochen Yoga immer noch den gewünschten Effekt zu erzielen, und Bücher, Blogs oder Videos geben ausreichend Input dafür. Je nach Erfahrung können die Übungen auch individuell angepasst werden. Bestimmt finden Sie schnell ein paar Lieblingsübungen.

7. Bonus: In 10 Tagen über die Ziellinie

Das ganze Wissen, das Sie auf den letzten Seiten vermittelt bekommen haben, muss nun noch in eine direkt verwendbare Form gebracht werden. Der Schritt, den Sie nun gehen müssen, erfordert ein letztes Mal viel Kraft, doch wenn Sie sich motivieren und aktiv werden, spüren Sie schon in wenigen Wochen eine positive Veränderung. Um Sie auf diesem Weg zu unterstützen, gebe ich Ihnen meinen ganz persönlichen 10-Tage-Plan mit an die Hand. Er soll Ihnen dabei helfen, nicht nur schneller, sondern auch effizienter ans Ziel zu kommen. Sie erhalten damit eine gute Grundstruktur und wenn zumindest der Plan schon steht, ist das Anfangen nicht mehr ganz so schwer.

Tag 1: Der Tag zum Denken

Überlegen Sie sich, was Ihr Leben gerade ausmacht. Suchen Sie nach Dingen, die Sie ändern wollen, und schenken Sie glücklichen Momenten ausreichend Aufmerksamkeit. Formulieren Sie Ihre Ziele, finden Sie Ihre Motivation und gehen Sie am Ende des Tages mit einem zuversichtlichen und zufriedenen Gefühl ins Bett.

Tag 2: Das Marmeladenglas voller Glück

Holen Sie ein leeres Marmeladenglas oder eine schöne Flasche mit breiter Öffnung, buntes Papier und einen Stift. Erinnern Sie sich an schöne Momente aus der Vergangenheit, die Ihnen Kraft geben können und Sie auf Ihrem Weg unterstützen. Diese Erlebnisse notieren Sie anschließend jeweils auf einem kleinen Zettel, falten diesen und legen ihn in das Marmeladenglas. Wenn Sie das Glas bis oben hin gefüllt haben, können Sie es zuschrauben und beiseitestellen. In der Zukunft wird es Ihnen in schwierigen Zeiten, in denen Sie wenig Motivation und Disziplin haben, helfen, wieder auf den richtigen Weg zu kommen.

Tag 3: Frühjahrsputz

Es ist an der Zeit, dass Sie nicht nur Ihre Gedanken sortieren, sondern auch in Ihrer Wohnung mal wieder richtig aufräumen. Trennen Sie sich von alten, kaputten Sachen, strukturieren Sie Ihren Schreibtisch um oder hängen Sie endlich mal das Bild auf, das schon seit Wochen auf dem Regal liegt. In einer ordentlichen Umgebung lässt es sich viel besser arbeiten und Sie laufen in Zukunft weniger Gefahr, dass Sie den eigentlichen Aufgaben aus dem Weg gehen, indem Sie mit dem Aufräumen beginnen.

Tag 4: Durchatmen

Dieser Tag soll Ihnen etwas Raum geben, damit Sie sich einfach nur entspannen können. Gehen Sie mit Freunden einen Kaffee trinken, schlafen Sie gemütlich aus oder schauen Sie eine Folge Ihrer Lieblingsserie. Die ersten drei Tage waren schon sehr erfolgreich und dafür können Sie sich heute belohnen. Sie haben es verdient, auch kurze Pausen zu machen, und wenn Ihnen das noch schwerfällt, gehört dieser Tag gleich mit zu den Übungen dazu.

Tag 5: Die Schritte zum Ziel

Bevor Sie tatsächlich loslegen können, müssen Sie herausfinden, wie Sie Ihre Ziele erreichen können. Schon am ersten Tag haben Sie sich diese überlegt, doch in einigen Fällen brauchen Sie vielleicht noch eine genauere Gliederung. Was müssen Sie verändern, um Ihr Ziel zu erreichen? Wie können Sie es in Zwischenstopps unterteilen? Nutzen Sie Tag fünf, um sich konkrete Veränderungen zu überlegen und genug Energie für die kommenden Etappen zu sammeln.

Tag 6: Achtsamkeit

Um mehr Selbstdisziplin zu erlangen, müssen Sie vermutlich einiges in Ihrem Alltag verändern. Sie müssen sich aus Ihrer Komfortzone bewegen und sich von Routinen trennen. Dabei ist es nicht selten, dass Veränderungen nicht vom ersten Tag an gut funktionieren oder dass Sie teilweise auch kleine Rückschritte erleben. Von diesen scheinbaren Misserfolgen sollten Sie sich aber auf keinen Fall aus der Ruhe bringen lassen! Machen Sie sich stattdessen mit einigen Achtsamkeitsübungen bekannt und lernen Sie, wie Sie Ereignisse weniger bewerten. Nutzen Sie diesen Tag, um herauszufinden, wie Sie kleine Übungen in Ihrem Alltag unterbringen können. Der Aufwand ist meist nur gering, doch der Effekt ist umso größer.

Tag 7: Die Handbremse lösen

Bevor Sie endlich mit mehr Disziplin durchstarten können, müssen Sie noch die kleinen Bremsklötze lösen, die Ihnen gerade den Weg versperren. Überlegen Sie sich, warum Sie erst jetzt auf die Idee gekommen sind, etwas zu ändern. Könnte Sie dieser Grund vielleicht auch in Zukunft immer wieder ausbremsen? Versuchen Sie, sich so früh wie möglich mit potenziellen Hindernissen auseinanderzusetzen, denn so können Sie sie anschließend deutlich leichter überwinden.

Tag 8: Die Ruhe vor dem Sturm

Eine Woche ist geschafft und morgen soll es nun tatsächlich losgehen, dass Sie Schritt für Schritt direkt an Ihrer Disziplin arbeiten. Die letzten Tage haben Sie vielleicht schon vor ein paar Herausforderungen gestellt und Sie sind froh, wenn Sie Ihr Ziel endlich vor Augen haben. Trotzdem sollen Sie diesen Tag noch einmal zum Entspannen nutzen, denn die kommende Zeit wird Sie sicherlich viel Kraft kosten. Versuchen Sie noch einmal, stolz zu sein und sich eine Pause zu erlauben. Fassen Sie gedanklich kurz zusammen, was Sie in den letzten Tagen schon erreicht haben, und machen Sie sich bereit für die tatsächliche Veränderung.

Tag 9: Auf los geht´s los!

Heute soll es endlich damit losgehen, dass Sie Ihr Leben verändern und mehr Selbstdisziplin aufbauen. Natürlich erreichen Sie dieses Ziel nicht schon an einem Tag, sondern Sie werden mehrere Wochen oder sogar ein paar Monate brauchen. Wenn Sie heute anfangen, ist es wichtig, dass Sie nicht alles, was Sie gelernt haben, auf einmal anwenden wollen. Es geht nicht darum, dass Sie als Erster im Ziel sind, sondern darum, dass Sie sich Ihre Kräfte gut einteilen. Vielleicht fangen Sie heute damit an, öfter Nein zu sagen oder sich eine Pause zu erlauben, wenn Ihr Körper eine braucht. Vielleicht verzichten Sie heute aber auch einmal auf den täglichen Schokoriegel oder gehen nach der Arbeit noch zum Sport. Egal, wie Sie Ihren Weg beginnen, wichtig ist nur, dass Sie ihn beginnen. Suchen Sie sich zu Anfang eine einfache Aufgabe aus und nutzen Sie die ersten Erfolgsgefühle, um weiterhin am Ball zu bleiben.

Tag 10: Durchhalten

Der letzte Tag ist eigentlich nicht nur ein Tag, sondern ganz viele zusammenhängende. Wie schon gesagt, ist die Selbstdisziplin nichts, was Sie von jetzt auf gleich erlernen können. Sie müssen sich Zeit nehmen, kleine Schritte gehen und lernen, Fehler zu akzeptieren. Nur wenn Sie es schaffen, durchzuhalten, werden Sie Ihr Ziel erreichen können. Sie müssen also selbstdiszipliniert sein, um selbstdiszipliniert werden zu können. Sicherlich erkennen Sie in diesem Satz die Herausforderung, die diese Aufgabe mit sich bringt, und Sie können unglaublich stolz sein, wenn Sie unterwegs nicht aufgeben. Nehmen Sie sich Ihr Glas voller Glück, Ihre Liste mit Zielen und richten Sie Ihren Blick in die Zukunft. Das Leben hat noch viel zu bieten!

8. Mit dem Ende naht der Anfang...

Sie sind nun tatsächlich auf den letzten Seiten des Buches angekommen. Sie haben viel über Selbstdisziplin gelernt, einige Übungen kennengelernt und eigentlich sind Sie jetzt perfekt auf die Umsetzung vorbereitet. Wie Sie schon in der Überschrift dieses Schlusskapitels lesen können, kommt für Sie jetzt aber erst der größte Teil, denn Sie müssen damit anfangen, Ihr Leben zu verändern.

Das Lernen über die Veränderung ist die eine Sache, doch nachdem Sie das geschafft haben, sind Sie erst die halbe Strecke bis zum Ziel gelaufen. Sie haben eine gute Basis, auf der Sie Ihr neues Leben aufbauen können. Sie kennen viele Tipps, wie Sie sich besser motivieren können, und Sie wissen, worauf Sie achten müssen. Aber das alles waren wirklich viele Informationen auf einmal, von denen Sie sicherlich auch schon ein paar Punkte vergessen haben. Aus diesem Grund finden Sie hier noch einen kleinen Spickzettel, um die wichtigsten Dinge jederzeit parat zu haben. Mit dem Verweis auf die einzelnen Kapitel können Sie die entsprechenden Informationen auch noch einmal genauer nachlesen und sich somit immer wieder bestimmte Punkte in Erinnerung rufen.

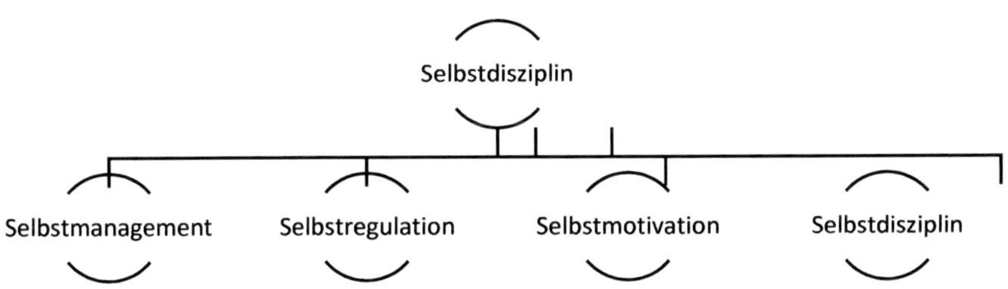

Im ersten Kapitel haben Sie gelernt, welche Eigenschaften entscheidend für die Selbstdisziplin sind und aus welchen Faktoren diese aufgebaut ist. Sie haben erfahren, dass es hierbei vor allem um Ihre langfristigen Ziele geht, die Sie Ihren kurzfristigen Bedürfnissen überordnen müssen. Die fünf Unterpunkte, die der Psychologe Dr. Windy Dryden aufgestellt hat, haben Ihnen hoffentlich deutlich gemacht, dass die Selbstdisziplin keine lineare Eigenschaft ist, sondern ein Geflecht aus vielen einzelnen Strängen. Die Verbesserung, Ihr Selbst auf lange Sicht, die Stolpersteine dafür, Ihr Selbst auf kurze Sicht und Ihr ausführendes Selbst interagieren ununterbrochen miteinander und es ist Ihre Entscheidung, wem Sie den größten Platz einräumen. Zusätzlich zieht sich aber auch ein nicht zu übersehender roter Faden durch alle Unterpunkte, der Sie daran erinnert, wie wichtig Ihre eigenen Ziele und Visionen sind. Im Kapitel *1.4. Selbstmotivation* haben Sie zwölf Übungen kennengelernt, um Ihre Motivation effektiv und schnell zu steigern und gleichzeitig eine gute Basis für Ihre Selbstdisziplin aufzubauen.

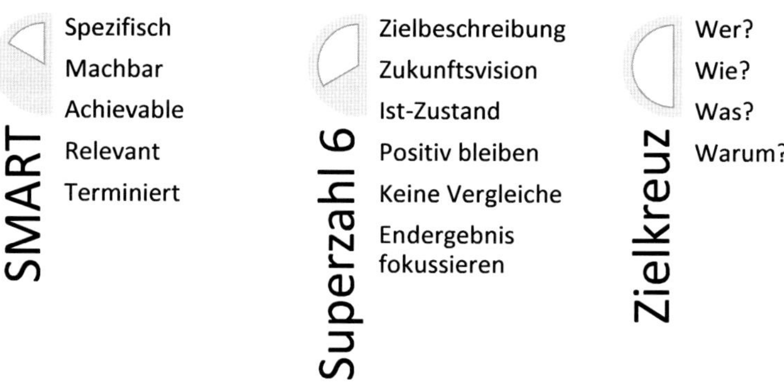

Im zweiten Kapitel haben Sie sich damit auseinandergesetzt, wie Sie Ihre Ziele möglichst passend formulieren können. Wichtig für die Selbstdisziplin ist auch, zu verstehen, warum Sie diszipliniert bleiben wollen und welche Ziele sich dahinter verbergen. Die drei vorgestellten Zielfindungen bieten Ihnen eine hervorragende Möglichkeit, um Ihre Ziele auf unterschiedliche Arten zu beschreiben. Sie können durch Ausprobieren herausfinden, welcher Weg sich am besten für Sie eignet, und damit in Zukunft deutlich schneller zu Ihrem Ziel kommen.

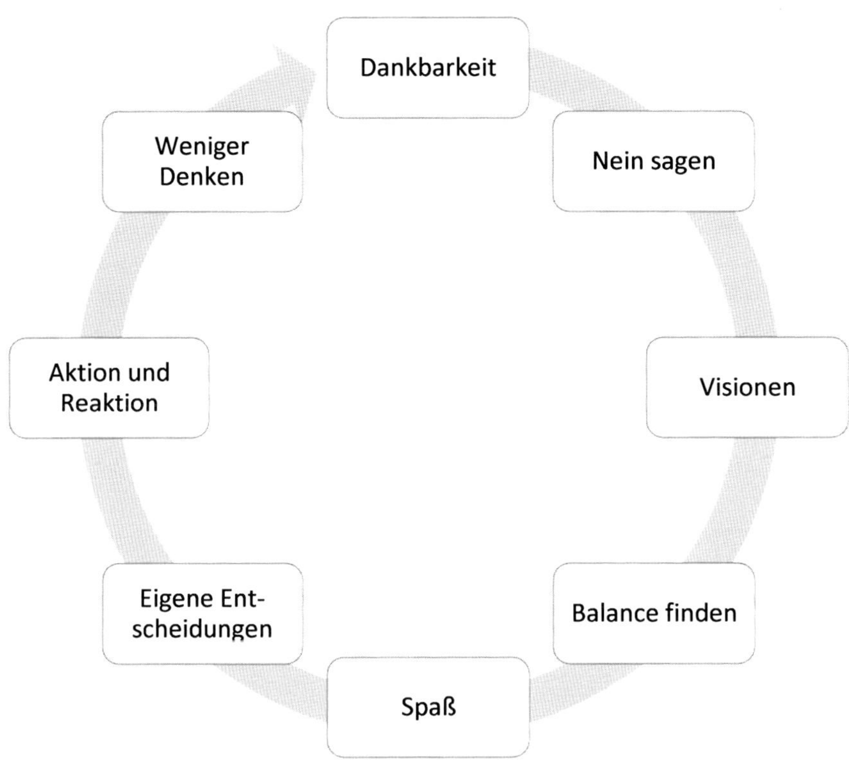

Ein weiteres wichtiges Thema war Ihr persönliches Glück. Im dritten Abschnitt ging es nicht nur darum, warum Sie selbst unglücklich sind, sondern es war auch bedeutsam, herauszufinden, wie Sie glücklicher werden können. Mehr Glück bringt Sie in Ihrem Leben wieder zu mehr Zufriedenheit und wenn Sie eine bessere Einstellung zu sich selbst haben, können Sie auch Ihre Ziele viel leichter erreichen. Selbstdisziplin und Glück/Zufriedenheit befinden sich außerdem in einem eng verbundenen Kreislauf, denn wenn Sie zufriedener mit Ihrem Leben und Ihren Aufgaben sind, schaffen Sie es auch besser, diszipliniert zu bleiben. Fangen Sie daher erst an, Ihr Glück zu suchen, bevor Sie zu viel Energie in die Selbstdisziplin stecken.

Anschließend haben Sie zehn unterschiedliche Wege kennengelernt, wie Sie Ihre Willenskraft stärken können. Sie haben erfahren, was ein Marshmallow mit all dem zu tun hat, gelernt, dass Lücken auch bei der Disziplin erlaubt sind und es nicht immer um große Erfolge geht. Außerdem konnten Sie in Kapitel 5 genauer erfahren, wie Ihnen die Selbstdisziplin im Alltag, bei der Arbeit oder beim Sport helfen kann. Das Gelernte lässt sich in sehr vielen unterschiedlichen Bereichen anwenden und je öfter Sie es ausprobieren, desto mehr Erfolg werden Sie haben. Zuletzt ging es aber auch darum, wie gefährlich zu viel Selbstdisziplin sein kann. Sie haben fünf Warnzeichen kennengelernt, die Ihnen zeigen, dass Sie zu streng mit sich selbst umgehen und gleich darauf auch ein paar Lösungen gefunden, um mit mehr Freude und Akzeptanz zu leben. Selbstdisziplin ist eigentlich eine gute Eigenschaft, doch wenn Sie zu viel haben, verbauen Sie sich damit auch viele positive Dinge im Leben. Ihr Leben sollte nicht nur von Ihrer Leistung abhängen, sondern auch von schönen Momenten mit Freunden, Urlauben oder Glück geprägt sein. Nutzen Sie die Achtsamkeits- und Yoga-Übungen, um wieder mehr zur Ruhe zu kommen und zu lernen, dass Sie nicht erst geliebt oder akzeptiert werden, wenn Sie alles perfekt machen.

„Wer kämpft, kann verlieren.

Wer nicht kämpft, der hat schon verloren.“

Bertolt Brecht

9. Mehr Selbstdisziplin in vier Wochen

WOCHE 1: SELBSTREFLEXION

Sich selbst kennenzulernen und seine eigenen Gedankengänge zu verstehen, ist die wichtigste Basis, um Selbstdisziplin aufbauen zu können. Erst, wenn Sie sich selbst richtig gut kennen und wissen, was Ihnen schwer- oder leichtfällt, wo Sie häufig Ausreden finden oder welche Routinen Sie haben, können Sie etwas ändern. In der ersten Woche soll es daher einzig und allein darum gehen, dass Sie lernen, sich richtig selbst zu reflektieren. Auch wenn Sie der Meinung sind, dass Sie sich schon gut genug kennen, kann ich Ihnen mit Sicherheit sagen, dass es immer ein paar versteckte Dinge gibt. Selbst wenn es nur ein kleiner Glaubenssatz ist, der Ihnen immer wieder einredet, dass Ihre Kollegen viel besser sind. Nehmen Sie sich diese Woche Zeit, um wieder mehr zu sich zu finden.

Tag 1: Spaziergang

Heute ist der erste Tag, sicherlich sind Sie gespannt, was alles auf Sie zukommt, und Sie wollen endlich mit den Veränderungen anfangen. Aber heute geht es noch ganz einfach los, denn Sie sollen sich erst einmal Zeit für einen kleinen Spaziergang nehmen. Egal, wie das Wetter ist, ziehen Sie sich Ihre Schuhe an, lassen Sie Ihr Handy zu Hause und machen Sie sich auf den Weg. Zusätzlich brauchen Sie noch ein kleines Klemmbrett, ein paar Zettel und einen Stift, um Ihre Gedanken aufzuschreiben. Wenn Sie kein Klemmbrett zur Hand haben, können Sie auch einen Block mitnehmen, wichtig ist nur, dass Sie genügend Platz haben und auch während des Laufens schreiben können.

Sind Sie startklar? Dann gehen Sie am besten eine Runde, die Sie schon öfter gegangen sind und bei der Sie den Weg gut kennen. Bei diesem Spaziergang geht es nicht darum, dass Sie etwas Neues entdecken oder Ihre Umgebung genau wahrnehmen, sondern Sie sollen Ihre Gedanken ins Rollen bringen. Wenn Sie sich zu sehr auf den richtigen Weg, auf andere Fußgänger oder den Straßenverkehr konzentrieren müssen, bremst Sie das vermutlich eher aus. Suchen Sie sich lieber eine Runde, die Sie eine halbe Stunde ungestört gehen können, um Ihren Gedanken mehr Freiraum zu geben.

Alles, was Ihnen in dieser Zeit durch den Kopf geht, notieren Sie sich. Schreiben Sie Ihre Gedanken sofort auf, ohne vorher lange zu überlegen oder zu bewerten. Jeder Gedanke soll wahrgenommen werden und auch Doppelungen sollten Sie aufschreiben. Lesen Sie sich Ihre Notizen nicht gleich wieder durch, sondern gehen Sie einfach weiter und folgen Sie Ihren Gedanken. Es ist nicht wichtig, dass Sie ordentlich schreiben, in einer Linie bleiben oder es auch andere noch lesen können. Diese Notizen sind nur für Sie und können auch total durcheinander sein. Sicherlich sind auch Ihre Gedanken nicht alle kerzengerade in einer Linie angeordnet.

Wenn Sie nun zurück von Ihrem Spaziergang sind, können Sie sich erst einmal eine Tasse Tee oder ein kühlendes Getränk machen, etwas zum Knabbern holen und es sich in Ihrer Wohnung gemütlich machen. Nehmen Sie sich Ihre Notizen und fangen Sie an, sie durchzulesen. Hoffentlich haben Sie während des Spaziergangs ein paar Seiten vollgeschrieben und jetzt genug Material, um weiterzuarbeiten. Jetzt geht es vor allem darum, dass Sie sich Gedanken markieren, die Ihnen besonders ins Auge springen.

Ist vielleicht etwas dabei, das Sie bewusst noch gar nicht so wahrgenommen haben? Oder gibt es Gedanken, die Sie besonders oft aufgeschrieben haben? Sicherlich waren Sie viel damit beschäftigt, sich selbst oder Ihre Umgebung zu bewerten: „Ich muss noch...!“, Ich habe schon wieder vergessen, ...“. Wenn wir unseren Gedanken freien Raum geben, um sich zu entfalten, zeigen sich in vielen Fällen unsere eigenen Glaubenssätze. Bestimmt sind auch Ihnen einige über den Weg gelaufen. Die sechs wichtigsten oder lautesten können Sie hier einmal notieren. Schreiben Sie einfach genau das auf, was Ihnen beim Spaziergang durch den Kopf gegangen ist. Weitere Notizen können Sie gerne mit Bleistift dazusetzen, doch Ihr Glaubenssatz sollte möglichst unverändert zum Ausdruck kommen.

Tag 2: Die Beobachtung

Der kurze Spaziergang war ähnlich wie ein Blitzlicht und der erste Impuls, damit Sie sich besser kennenlernen. Heute soll es aber darum gehen, dass Sie sich den ganzen Tag unter die Lupe nehmen. Beim Spaziergang haben Sie direkt auf Ihre Gedanken geachtet, doch viel wichtiger sind eigentlich die Glaubenssätze, die während des Alltags auftauchen. Egal, was Sie tun, immer wieder bewerten Sie sich selbst und setzen Ihre Handlungen in Vergleich. Was machen andere? Sind die anderen nicht viel besser? Ich wünschte, ich wäre wie sie! Vielleicht kommen Ihnen solche Sätze bekannt vor und Sie können sich an Momente erinnern, in denen Sie ähnlich gedacht haben. Heute soll es genau um diese Momente gehen. Am besten statten Sie sich mit einem Stift und einem Zettel aus. Sie sollten den ganzen Tag etwas zum Schreiben in der Tasche haben, damit Sie jederzeit mögliche Glaubenssätze aufschreiben können. Notieren Sie sich, wann diese Glaubenssätze auftauchen und was sie aussagen. Es geht hier noch nicht darum, dass Sie Schlussfolgerungen daraus ziehen oder überlegen, was Sie verändern können, sondern es geht erst einmal darum, dass Sie Ihre Glaubenssätze überhaupt ausmachen. Nehmen Sie sich wirklich den ganzen Tag Zeit und schreiben Sie alles auf, was Ihnen auffällt, denn erst, wenn Sie Ihre Glaubenssätze erkennen, können Sie etwas verändern.

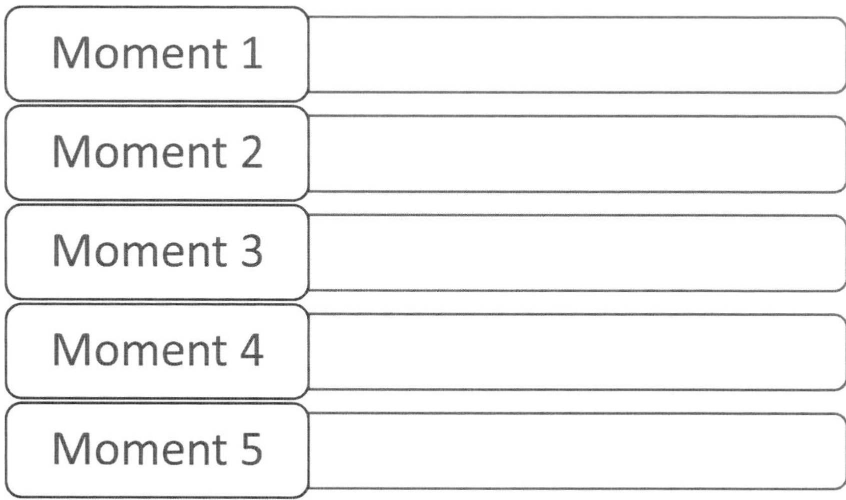

Tag 3: Wolken

An den ersten beiden Tagen haben Sie schon viel über sich gelernt und einen deutlichen Fortschritt gemacht. Mit den neu gewonnenen Erkenntnissen wird es Ihnen im Folgenden sicherlich einfacher fallen, Selbstdisziplin aufzubauen. Heute soll es daher noch einmal genauer um Ihre Gedanken gehen. Die negativen Glaubenssätze, die Sie in den letzten zwei Tagen aufgeschrieben haben, können oft ein großer Energieräuber sein. Sie können es Ihnen schwer machen, Ihre Ziele zu verfolgen und positiv zu bleiben.

In Zukunft sollen Sie sich aber von diesen Krafträubern einfach befreien können, und heute werden Sie lernen, wie das funktioniert. Tatsächlich ist es nicht so schwer wie angenommen, sich von solchen Glaubenssätzen zu befreien, und die unterschiedlichsten Übungen helfen dabei. Die Hauptübung,

die ich Ihnen hier vorstellen will, ist die Wolkenübung. Jedes Mal, wenn Sie einschränkende Gedanken, typische Glaubenssätze oder übermäßige Sorgen erkennen, können Sie sich ein paar Wolken vorstellen, die am Himmel entlangziehen. Auf jede der Wolken können Sie Ihre Gedanken setzen und beobachten, wie sie sich zum Horizont bewegen. Stellen Sie sich das Bild so genau wie möglich vor. Geben Sie den Wolken unterschiedliche Größen und Farben. Vielleicht gibt es bei Ihnen am Himmel auch eine dunkle Gewitterwolke, doch auch die wird immer näher zum Horizont fliegen.

Sobald ein Glaubenssatz auftaucht, können Sie heute diese Übung anwenden und trainieren, wie Sie sich von diesen Sätzen zurückziehen können. Zu Beginn wird es sicherlich etwas schwierig sein und die Wolken werden nur langsam Richtung Horizont ziehen, doch je öfter Sie üben, desto besser können Sie sich abgrenzen. Sie können auch die nächsten Tage und Wochen Ihren Himmel immer weiter ausbauen und jeden Tag auf diese Übung zurückgreifen, wenn Sie merken, dass Ihre Gedanken Ihnen im Weg stehen.

Statt Wolken können Sie sich zum Beispiel auch einen Fluss mit kleinen Schiffen oder eine Straße mit vielen Autos vorstellen. Selbst wenn das eine oder andere Auto länger an einer Ampel steht, alle werden ihr Ziel erreichen und aus Ihrem Sichtfeld verschwinden.

Tag 4: Stärken und Schwächen

Selbstreflexion bedeutet nicht nur, seine Gedanken zu ordnen, sondern auch, sich über die eigenen Stärken und Schwächen bewusst zu werden. Schwächen kennen Sie sicherlich einige und Ihnen würden sofort Dinge einfallen, die Sie störend finden, doch können Sie ebenso viele Stärken finden? Überlegen Sie heute ganz genau, welche Dinge Sie gut können, welche Stärken Sie haben, aber auch, welche Schwächen Sie haben. Fragen Sie auch Kollegen, Freunde oder Familienmitglieder, die Sie gut kennen und von denen Sie wissen, dass sie ehrlich sind.

Stärken	Schwächen

Über den Tag hinweg fallen Ihnen sicherlich viele Punkte ein, die Sie in diese Tabelle eintragen können. Vielleicht können Sie Ihre Stärken und Schwächen auch etwas sortieren, indem Sie markieren, welche besonders ausgeprägt sind oder welche Sie besonders beeinflussen. Vergessen Sie aber nicht, auch kleine Stärken mit in Ihre Liste aufzunehmen, denn auch solche Kleinigkeiten können Sie im Alltag oft unterstützen.

Tag 5: Das Spiegelbild

Dieser Tag könnte für Sie eine besondere Herausforderung sein, denn es geht darum, dass Sie sich einmal vor den Spiegel stellen und ganz genau beobachten. Wie sehen Sie sich? Welche Dinge fallen Ihnen direkt auf, wenn Sie in den Spiegel schauen? Können Sie etwas über Ihre Ausstrahlung sagen? Fangen Sie nicht direkt an, etwas zu bewerten, sondern notieren Sie sich lediglich objektiv die Dinge, die Ihnen auffallen, wenn Sie in den Spiegel schauen. Sie können die Übung auch mehrmals am Tag machen und zum Beispiel mit unterschiedlichen Bekleidungen oder

Frisuren ausprobieren. Sie werden merken, dass sich Ihre Meinung je nach Tageszeit vielleicht verändert und auch Ihr allgemeiner Zustand eine Rolle spielt. Nachdem Sie sich objektiv mit Ihrem Spiegelbild auseinandergesetzt haben, können Sie auch überlegen, welche Bewertungen Ihnen in den Kopf kommen. Was mögen Sie an Ihrem Körper, welche Dinge gibt es, die Sie als „Problemzone" sehen? Wie finden Sie Ihre Ausstrahlung? Suchen Sie nicht nur nach negativen Dingen, sondern konzentrieren Sie sich vor allem auch auf positive Merkmale, die Ihnen Kraft geben können.

Tag 6: Rückblick

Ihre Vergangenheit und Erfahrungen aus der Kindheit machen Sie zu dem, was Sie heute sind. Alles, was Sie bis jetzt erlebt haben, beeinflusst Ihr heutiges Leben. Gute Erfahrungen wirken sich ebenso aus wie negative und heute sollen Sie sich einmal Zeit nehmen, um über solche Einflüsse nachzudenken. Warum haben Sie heute diese Glaubenssätze? Warum denken Sie so, wie Sie es tun? Es ist sicherlich nicht einfach, alle Ursachen ausfindig zu machen, aber vielleicht fallen Ihnen ein paar Dinge ein. Ein Beispiel könnte etwa sein, dass Sie sich früher oft in Personen getäuscht haben und deshalb nun vorsichtiger bei neuen Kontakten sind. Vielleicht haben Sie aber auch auf der Arbeit schlechte Erfahrungen gemacht und gemerkt, dass Ihre eigene Meinung nicht immer erwünscht ist. Die unterschiedlichsten Erlebnisse können sich – auch ohne, dass Sie es merken – auf Ihre jetzigen Entscheidungen auswirken. Sammeln Sie daher solche Dinge und überlegen Sie sich, wie sie Ihr Leben beeinflussen.

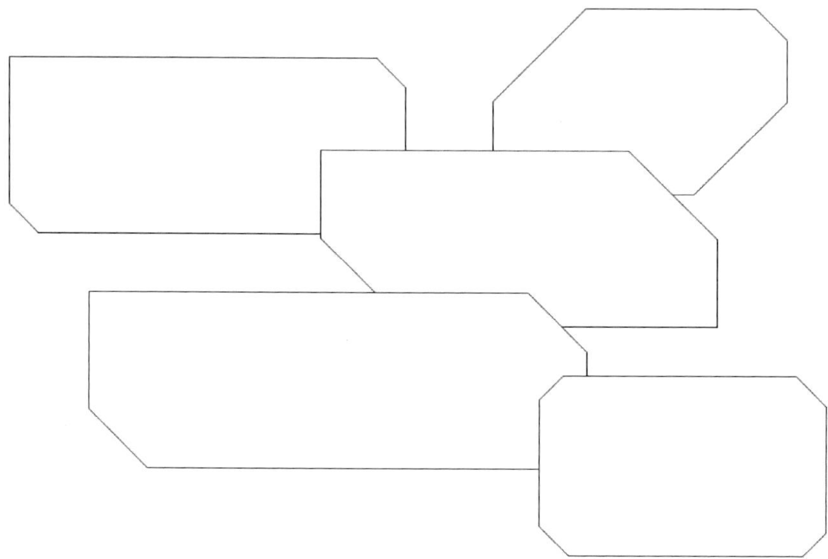

Tag 7: Fazit Selbstreflexion

Am letzten Tag können Sie noch einmal einen Rückblick auf die letzten Tage werfen. Sie haben in einer Woche schon sehr viel dazugelernt und einiges über sich herausgefunden. Fertigen Sie heute einen kleinen Wochenrückblick an und erinnern Sie sich noch einmal genau an die Dinge, die Sie besonders überrascht haben.

Was fällt Ihnen als Erstes ein, wenn Sie an die letzte Woche denken?

____

____

____

____

Was hat Sie besonders überrascht, als Sie über sich selbst nachgedacht haben?

____

____

____

Was nehmen Sie für die Zukunft mit?

Wie sehen Sie sich jetzt nach dieser Woche?

Formulieren Sie einen Satz, der knapp Ihr Selbstbild beschreibt und Ihnen in Zukunft Kraft geben kann:

WOCHE 2: MOTIVATION

Jetzt, wo Sie sich besser kennengelernt und ein paar neue Dinge erfahren haben, können Sie sich mehr der Selbstdisziplin widmen. Entscheidend für Ihre Selbstdisziplin sind auch Ihre Motivation und Ihr innerer Antrieb. Dieser Punkt hängt sehr eng mit der kommenden Woche „Ziele formulieren" zusammen und Sie können diese Woche als Vorbereitung sehen. Bevor Sie sich Ihre Ziele setzen können, müssen Sie sich über Ihre Motivation Gedanken machen. Warum wollen Sie etwas ändern? Wie können Sie sich auch zwischendurch motiviert halten? Nutzen Sie diese Woche nicht nur, um Motivation für Ihre Selbstdisziplin zu sammeln, sondern auch, um in Ihrem normalen Alltag motivierter zu werden.

Tag 8: Schlafroutine

Auf den ersten Blick hat Ihre Schlafroutine vielleicht nur wenig mit Ihrer Motivation zu tun, doch tatsächlich macht guter Schlaf einen großen Unterschied. Nach einer kurzen Nacht, vielen Unterbrechungen oder wirren Träumen fällt es Ihnen sicherlich auch schwerer, morgens aufzustehen und motiviert in den Tag zu starten. Selbst nach einigen Tassen Kaffee können Sie sich noch nicht richtig motivieren und brauchen viel Energie. Aus diesem Grund sollten Sie heute damit starten, ein kleines Protokoll zu führen. Machen Sie sich jeden Abend kurz vor dem Einschlafen ein paar Notizen über den Tag. Was hat Sie heute beschäftigt? Was haben Sie erledigen können und was müssen Sie morgen noch machen? Was ist Ihnen heute gut gelungen? Welche positiven Erlebnisse gab es? Wenn Sie den vergangenen Tag noch einmal kurz strukturieren und die wichtigsten Dinge zusammenfassen, können Sie vielleicht schon viel besser einschlafen. Sinnvoll ist es, die Dinge wirklich schriftlich festzuhalten, denn so haben Sie nicht mehr alles im Kopf.

Drei Dinge, die heute positiv waren	1. 2. 3.
Drei Dinge, die Sie erledigt haben	1. 2. 3.
Drei Dinge, die Sie nur für sich gemacht haben	1. 2. 3.
Drei Dinge, die Sie zum Lachen gebracht haben	1. 2. 3.

Sammeln Sie vor dem Einschlafen vor allem positive Energie und machen Sie sich noch einmal bewusst, was Sie heute alles erreicht haben. Am nächsten Morgen starten Sie dann mit dem tatsächlichen Protokoll und fassen kurz zusammen, wie Sie geschlafen haben.

Wie lange haben Sie geschlafen?	
Wann sind Sie ins Bett gegangen?	
Wie oft waren Sie nachts wach? Falls zutreffend, wie viele Stunden waren es ungefähr?	

Was haben Sie gestern vor dem Einschlafen gemacht? (Handy, Fernseher, Telefonat...)	
Welche Dinge haben Sie im Traum beschäftigt?	
Haben Sie allein geschlafen?	

Mithilfe solcher kurzen Protokolle können Sie besser herausfinden, wie Sie tatsächlich schlafen und welche Faktoren Ihre Schlafroutine vielleicht beeinflussen. Wenn Sie das Protokoll über mehrere Tage oder sogar über ein paar Wochen führen, können Sie Ihre Notizen optimal vergleichen. Fällt Ihnen dann zum Beispiel auf, dass Sie besonders schlecht schlafen, wenn Sie sehr spät ins Bett gehen, wäre es vielleicht eine Option, in Zukunft früher das Licht auszumachen.

Wie können Sie Ihre Schlafroutine verbessern? Diese Frage steht heute im Zentrum und natürlich können Sie auch schon heute etwas für Ihren Schlaf tun. Neben dem Protokoll und dem Tagesrückblick können Sie auch von Anfang an Ihr Handy bereits eine Stunde vor dem Zubettgehen ausschalten. Sie können sich auch eine entspannte Abendroutine überlegen und zum Beispiel noch einen ruhigen Podcast hören, ein paar entspannende Yoga-Übungen machen oder ein Buch lesen. Machen Sie sich bewusst, dass Ihre Schlafroutine entscheidend für Ihre Motivation sein kann!

Tag 9: Einfach machen

Sie haben keine Motivation, aufzuräumen, Ihre Post zu beantworten oder Ihre Arbeit zu erledigen? Wie wäre es damit, wenn Sie einfach mal loslegen? Nehmen Sie sich zehn Minuten Zeit und fangen Sie an, zu putzen oder zu arbeiten. Egal, was Sie heute tun müssen, und egal, wie gering Ihre Motivation ist, geben Sie sich zehn Minuten Zeit. Probieren Sie aus, ob es wirklich so schlimm ist wie erwartet oder ob es nicht vielleicht doch ein bisschen Spaß machen könnte. Wenn Sie nach den zehn Minuten froh sind, dass die Zeit einfach nur vorbei ist und Sie endlich etwas anderes machen können, dann sollten Sie das heute auch tun. Wenn die Zeit dagegen so schnell herumgegangen ist, dass Sie erst nach 15 oder 20 Minuten auf die Uhr schauen, ist es vielleicht doch nicht so schlimm wie erwartet.

In vielen Fällen ist das Anfangen das Problem, und wenn Sie das erst einmal geschafft haben, dann fällt es Ihnen auch leichter, am Ball zu bleiben. Wenn noch die ganze Arbeit vor Ihnen liegt, können Sie nur sehen, was Sie alles noch tun müssen. Ab dem Moment, an dem Sie anfangen, zu arbeiten, können Sie aber schon erste Fortschritte sehen und erkennen, dass es vielleicht weniger Arbeit, Energie oder Zeit in Anspruch nimmt als gedacht. Natürlich gibt es zwischendurch immer wieder Phasen, in denen die Motivation erneut sinkt, aber keine Hürde ist so groß wie die erste.

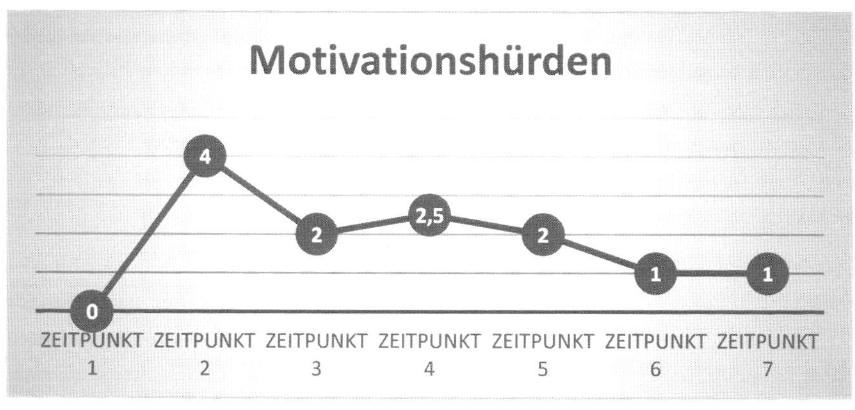

Tag 10: Wofür machen Sie das?

Wenn Sie sich motivieren wollen, ist es auch entscheidend, dass Sie wissen, warum Sie das alles überhaupt machen. Sie haben das Gefühl, dass Sie wie eine Marionette arbeiten und nur die Aufgaben von anderen erfüllen? Dann sollten Sie sich heute einmal überlegen, was Sie selbst wirklich wollen. Motivation lässt sich nur schwer finden, wenn man persönlich keinen Nutzen sieht. Unterbewusst erstellt Ihr Kopf jedes Mal eine Kosten-Nutzen-Bilanz und je größer die Differenz ist, desto geringer wird Ihre Motivation. Würden Sie für ein einzelnes Brötchen fünf Euro zahlen? Sicherlich würden Sie erst überlegen, ob es das eine Brötchen wirklich wert ist und ob Sie nicht woanders für das gleiche Geld viel mehr Brötchen bekommen können. Diese Rechnung macht es Ihnen möglich, ein effizientes und für Sie nachhaltiges Leben zu führen. Wenn Sie also das nächste Mal keine Motivation haben, sollten Sie kurz überlegen, warum das so ist. Erledigen Sie vielleicht wieder Aufgaben für andere oder weil andere denken, dass das gut für Sie sein könnte?

Sie führen Ihr eigenes Leben und aus diesem Grund sollten Sie heute und auch in Zukunft lernen, Nein zu sagen. Ohne Frage gibt es auch ein paar Dinge, die einfach erledigt werden müssen, doch viel zu oft machen wir etwas, nur weil es von uns erwartet wird. Einige dieser Sachen sind oft schon zur Routine geworden und vielleicht ist es bei Ihnen ähnlich, dass Sie nur mit in die Mensa gehen, weil alle gehen, oder dass Sie sich nur Gedanken über jede Süßigkeit machen, die Sie essen, weil alle anderen es auch tun. Doch wenn Sie sich aus diesem Strom lösen können und Ihren eigenen Weg gehen, werden Sie schon bald mehr Energie für die Dinge haben, die Ihnen wirklich wichtig sind. Fangen Sie heute damit an, auch Nein zu sagen, und sehen Sie es als Erfolg an, wenn Sie sich für Ihren eigenen Weg entscheiden. Notieren Sie ein paar Dinge, zu denen Sie in Zukunft Nein sagen wollen, und erinnern Sie sich immer wieder daran, was Ihre eigene Motivation ist.

Tag 11: Ihr persönliches Umfeld

So schwer es vielleicht ist, Ihr persönliches Umfeld mit einzubeziehen, auch das kann positive oder negative Wirkungen auf Ihre Motivation haben. Wenn Sie jemanden an Ihrer Seite haben, der an Sie glaubt, der Ihnen Kraft gibt und der Sie motiviert, dann kann das sehr hilfreich sein. Andersherum kann es aber auch viel Kraft kosten, wenn ein Freund, ein Kollege oder jemand anderes in Ihrem Bekanntenkreis selbst kaum Motivation hat und pessimistisch ist. Jetzt sollen Sie Ihre Freunde natürlich nicht strikt unterteilen und sagen, dass Sie mit denjenigen nichts mehr unternehmen wollen, die Ihnen Kraft rauben. Stattdessen können Sie sich überlegen, wen Sie in welchen Situationen nach Unterstützung fragen können. Sicherlich helfen Ihnen die Kraftspender mehr in Momenten, in denen Sie gerade weniger an sich glauben und ein positives Feedback brauchen. Es kann aber auch motivierend sein, wenn Sie selbst anderen Kraft geben können, indem Sie zum Beispiel Mut zusprechen oder jemanden von der pessimistischen Haltung abbringen.

Wenn Sie merken, dass Ihnen eine Freundschaft, eine Beziehung oder auch eine lockere Bekanntschaft nicht guttut, dann ist es vollkommen in Ordnung, wenn Sie sich von dieser Person distanzieren. Vielleicht finden Sie auch gemeinsam eine Lösung, wie Sie den Kontakt trotzdem noch halten können. Bringen Sie heute einmal etwas Struktur in Ihr Umfeld und überlegen Sie sich, ob Sie mit der aktuellen Situation zufrieden sind.

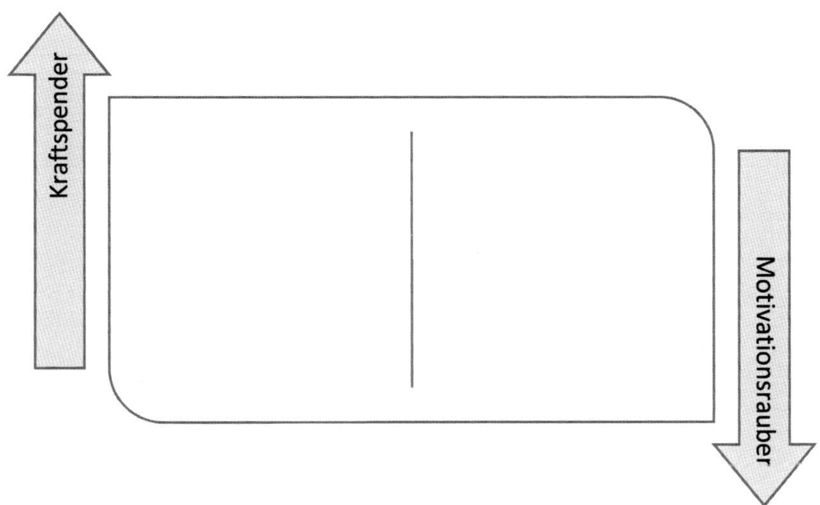

Tag 12: Belohnungen

Wie Sie sicher wissen, gibt es nicht nur den inneren Antrieb, sondern auch die extrinsische Motivation. Sie motivieren sich dabei mit der Hilfe von Belohnungen und versuchen so, Ihre Ziele zu erreichen. In manchen Fällen gibt es nun mal keinen wirklichen Vorteil und trotzdem muss die Arbeit getan werden. Steuererklärungen sind zum Beispiel einfach nur lästig und der einzige Vorteil, den Sie haben, ist, dass Sie sich nicht strafbar machen, wenn Sie regelmäßig Ihre Steuern machen. Natürlich könnte dieser Grund eigentlich schon ausreichen, aber trotzdem schiebt nahezu jeder die Steuererklärung erst einmal vor sich her. Stattdessen könnten Sie sich aber auch mit Hilfe von kleinen Belohnungen motivieren und zum Beispiel erst die neuen Folgen Ihrer Lieblingsserie anschauen, wenn Sie die Steuererklärung gemacht haben.

Dieses Prinzip funktioniert mit allen möglichen Aufgaben und egal, ob es ums Putzen, um Rechnungen oder um Schreibarbeit geht, Belohnungen sorgen immer für die nötige Motivation. Dabei müssen Sie sich nicht unbedingt eine große Belohnung ausdenken, vielleicht reicht schon das eben angeführte Beispiel mit der Serie. Auch ein Spieleabend, ein besonderes Essen oder ein freier Tag kann Ihre Motivation aufbauen.

Überlegen Sie sich heute einmal, welche Aufgaben Sie schon seit Tagen oder Wochen vor sich herschieben. Notieren Sie diese, finden Sie heraus, warum Sie die Aufgaben nicht erledigen wollen, und suchen Sie nach kleinen, passenden Belohnungen. Vielleicht gibt es auch schon heute Aufgaben, die Sie mit diesem Trick erledigen können. Nutzen Sie diesen Tag und besiegen Sie endlich Ihre Motivationslosigkeit!

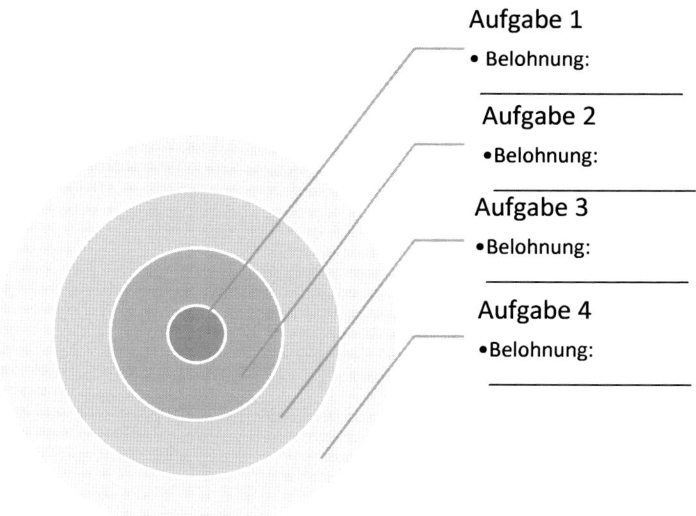

Tag 13: Ihre eigene Einstellung

Sehen Sie das Glas halbvoll oder halbleer? Wie ist Ihre eigene Einstellung zum Leben? Tatsächlich spielen auch diese Fragen eine große Rolle, wenn es darum geht, mehr Motivation zu bekommen. Überlegen Sie einmal, ob Sie motiviert wären, etwas zu verändern, wenn ich Ihnen die ganze Zeit einrede, dass Sie es sowieso nicht schaffen, dass Sie viel zu schwach dafür sind… Ich bin mir ziemlich sicher, dass Ihre Motivation dann sehr schnell verschwindet. Aus diesem Grund sollten Sie sich heute Klarheit darüber verschaffen, wie eigentlich Ihre innere Einstellung aussieht. Sind Sie pessimistisch, optimistisch oder realistisch?

Vielleicht fallen Ihnen auch Unterschiede auf und Sie merken, dass Sie in Bezug auf Ihre eigenen Aufgaben eher pessimistisch sind, während Sie andere aber meist optimistisch unterstützen. Aber warum sollen Sie es nicht schaffen, wenn andere ihre Ziele erreichen können? Hören Sie auf damit, sich selbst immer wieder kleinzureden, sondern glauben Sie an Ihre eigenen Stärken. Sie haben sich in der letzten Woche schon überlegt, was Sie gut können und was nicht, und diese Tabelle können Sie heute noch einmal zur Hand nehmen. Es ist nicht schlimm, wenn Sie nicht immer optimistisch sind und die Überzeugung haben, dass alles funktioniert. Doch Sie sollten zumindest versuchen, realistisch und unvoreingenommen an Herausforderungen heranzugehen und nicht von Vornherein zu denken, dass es nicht funktioniert. Ihre Einstellung wirkt sich stark auf Ihr späteres Handeln aus und der Satz bzw. der Glaube „Ich kann das schaffen!" kann Ihnen in vielen Situationen weiterhelfen.

Was denke ich jetzt?	**Was könnte ich stattdessen denken?**
Ich schaffe die Aufgabe sowieso nicht.	Ich gebe mein Bestes und versuche, mit meinem jetzigen Können die Aufgabe zu erledigen.

Tag 14: Fazit Motivation

Schon wieder ist eine Woche vorbei und schon wieder haben Sie viel gelernt. Auch wenn es Ihnen vielleicht nicht so vorkommt, mit den ersten zwei Wochen haben Sie schon einen unglaublich großen Teil geschafft. Sie haben sich nicht nur selbst besser kennengelernt, sondern wissen jetzt auch, wie Sie mehr Motivation bekommen, um damit nächste Woche an Ihren Zielen zu arbeiten. Heute sollen Sie wieder einen kurzen Wochenrückblick erstellen, um die wichtigsten Punkte, die Sie aus der letzten Woche mitgenommen haben, noch einmal kurz aufzuschreiben. Nutzen

Sie diesen Tag auch, um sich ein bisschen auszuruhen und stolz auf das zu sein, was Sie bis hierhin erreicht haben. Veränderungen sind nicht immer einfach, doch vielleicht können Sie schon jetzt erste positive Auswirkungen spüren.

Was fällt Ihnen als Erstes ein, wenn Sie an die letzte Woche denken?

____

____

____

____

Was hat Sie besonders überrascht, als Sie über Ihre Motivation nachgedacht haben?

____

____

____

____

Was nehmen Sie für die Zukunft mit?

____

____

____

____

Wie sehen Sie sich und Ihre Arbeit jetzt nach dieser Woche?

____

____

____

____

Formulieren Sie einen Satz, der Ihnen schnell Motivation geben kann und noch einmal kurz zusammenfasst, was Sie in den letzten Tagen gelernt haben:

____

____

____

____

WOCHE 3: ZIELE SETZEN

Halbzeit! Zwei Wochen haben Sie schon geschafft und zwei Wochen liegen noch vor Ihnen. Wie bereits angekündigt, soll es in dieser Woche vor allem um Ihre Ziele gehen. Es soll daran gearbeitet werden, wie Sie Ihre Ziele finden können, wie Sie sie richtig formulieren und besonders auch daran, wie Sie am Ball bleiben. Wenn Sie die richtigen Ziele gefunden haben, sind Sie meist auch viel motivierter und es fällt Ihnen leichter, diszipliniert zu bleiben. Nehmen Sie sich daher immer ein paar Minuten Zeit, um regelmäßig über Ihre Ziele nachzudenken. Diese Woche fangen Sie damit noch einmal ganz von vorne an, um ein gutes Grundgerüst aufzubauen.

Tag 15: Traumreise

Heute geht es darum, dass Sie sich in die Zukunft versetzen. Um Ihre Ziele zu finden, müssen Sie wissen, was Sie in den nächsten Jahren, Monaten oder Wochen gerne erreichen wollen. Nehmen Sie sich heute ausreichend Zeit, um Schritt für Schritt in die Zukunft zu gehen. Wo wollen Sie in einem halben Jahr sein? Was wollen Sie in einem Jahr erreicht haben? Wo sehen Sie sich in fünf Jahren?

Egal, wie unrealistisch die Ziele jetzt vielleicht für Sie aussehen, überlegen Sie sich einfach, was Sie wollen. Noch geht es nicht darum, was Sie erreichen können und was nicht. Machen Sie sich lediglich Gedanken darüber, was Sie gerne erreichen wollen. Sie können sich dabei auch auf unterschiedliche Bereiche konzentrieren und zum Beispiel Familie, Arbeit und persönliches Leben getrennt sehen. Vielleicht gibt es auch einen Urlaub, den Sie unbedingt machen wollen, oder etwas, das Sie sich kaufen wollen. Alles kann in Ihre Liste einfließen und je bildlicher Sie sich Ihre Ziele vorstellen, desto besser!

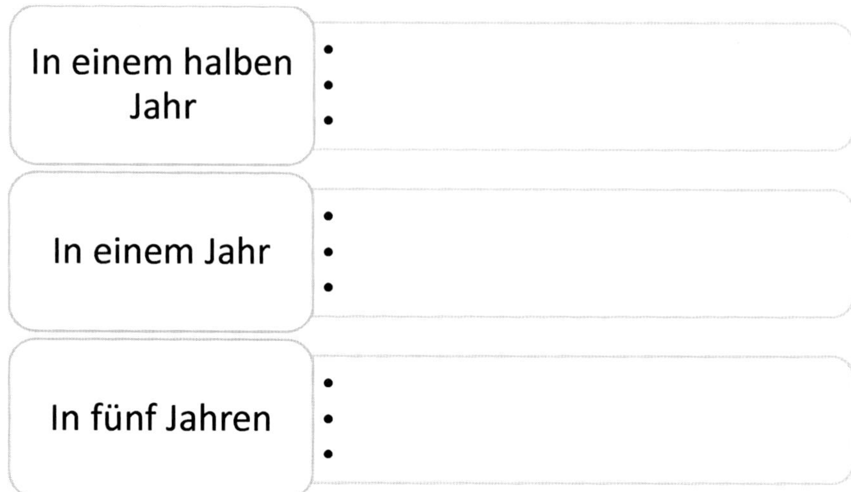

Tag 16: Vision Board

Nachdem Sie sich gestern schon in die Zukunft versetzt haben und sich Ihre Ziele überlegt haben, sollen Sie diese heute möglichst gut veranschaulichen. Suchen Sie sich ein paar Blätter, Zeitschriften, bunte Stifte und anderes Bastelzeug zusammen, um sich eine farbenfrohe Mindmap zu erstellen. Sie können auch passende Bilder im Internet ausdrucken, selbst etwas zeichnen oder nach einem anderen Weg suchen, um Ihre Ziele kreativ umzusetzen.

Damit nicht alles durcheinander ist und Sie später die einzelnen Bilder nicht mehr richtig zuordnen können, hilft es Ihnen vielleicht, eine Mindmap zu erstellen oder mit Kreisen, Pfeilen und Ähnlichem zu verdeutlichen, welche Dinge zu einem Ziel gehören. Ihrer Kreativität sind keine Grenzen gesetzt und Sie können Ihr Vision Board so frei gestalten, wie Sie wollen. Wichtig ist nur, dass es Sie immer wieder an Ihre Ziele erinnert und Sie es dadurch schaffen, diese zu verfolgen. Ein einfaches Beispiel ist etwa das Ziel, dass Sie gerne glücklicher sein wollen. Malen Sie dafür einen großen Smiley oder suchen Sie nach einem Kinderbild, auf dem Sie so richtig strahlen. Mir selbst hat so ein Bild am Kühlschrank geholfen, Essen wieder mehr zu lieben, und inzwischen koche ich wieder richtig gerne. Vielleicht helfen auch Ihnen solche einfachen Bilder von Ihren Zielen, um den Weg dorthin leichter zu gehen. Übrigens geht es heute immer noch nicht darum, wie Sie Ihre Ziele erreichen können, sondern Sie sollen sie zuerst einmal nur verbildlichen. Mit dem

Rest setzen Sie sich in den nächsten Tagen auseinander, doch schon eine gute, anschauliche Formulierung oder Abbildung kann es Ihnen einfacher machen, Ihre Ziele zu erreichen. In die Tabelle können Sie sich schon einmal einige Notizen zur Umsetzung oder zu Ihren Zielen notieren, damit Sie nicht ohne Plan wild durcheinander Bilder ausdrucken und eine Mindmap ohne richtige Aussagekraft erstellen. Je klarer Sie sich über Ihre Ziele sind, desto einfacher können Sie diese auch erreichen!

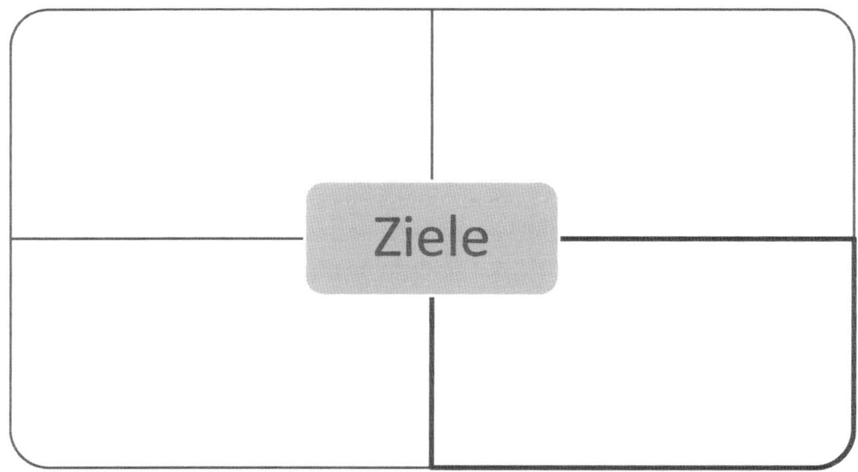

Tag 17: Ziele sortieren

In den vorherigen zwei Tagen sollten Sie Ihre Ziele erst einmal nur finden und sich klar darüber werden, was Sie in nächster Zeit erreichen wollen. Heute geht es aber einen Schritt weiter und Sie sollen etwas mehr Ordnung in Ihre Ziele bringen. Im zugehörigen Buch haben Sie bereits gelernt, dass es kurzfristige und langfristige Ziele gibt und dass diese unterschiedlich wichtig für Sie sein können. Wenn Sie jetzt spontan überlegen, was Sie gerne machen oder haben wollen, würden Ihnen sicherlich einige Dinge einfallen, die vor allem Ihre kurzfristigen Bedürfnisse befriedigen. Vielleicht hätten Sie gerne ein Stück Schokolade, würden es sich gerne mit Ihrer Lieblingsserie auf dem Sofa gemütlich machen oder Ähnliches. Diese Bedürfnisse stehen jedoch oft mit langfristigen Zielen im Konflikt, und wenn Sie eigentlich gesünder leben und mehr Sport machen wollen, führen sie möglicherweise zu einem kurzen Glücksgefühl, doch später werden Sie es vielleicht bereuen.

Nehmen Sie sich heute ausreichend Zeit, um Ihre Ziele zu strukturieren, überlegen Sie, welche sich vielleicht gegenseitig unterstützen und wo es Probleme geben könnte. Kurzfristige Ziele müssen Sie aber nicht automatisch alle von Ihrer Liste streichen. Es geht vielmehr um die richtige Balance und darum, dass Sie darauf achten, durch kurzfristige Bedürfnisse kein langfristiges Bedürfnis zu gefährden. In manchen Fällen kann es auch hilfreich sein, sich zwischendurch als „Belohnung" ein solches kurzfristiges Bedürfnis einzubauen. Wichtig ist nur, dass Sie sich immer nach dem Warum fragen. Warum wollen Sie jetzt ein Stück Schokolade? Warum wollen Sie heute früher aus der Arbeit gehen? Wenn Ihnen eine plausible Erklärung einfällt und Sie wissen, dass Sie es später nicht bereuen werden, können Sie selbstverständlich auch diesen Bedürfnissen nachgehen. Verlieren Sie dabei nur nicht das große Ganze aus den Augen, denn ich kann Ihnen versprechen: Sie werden sich später tierisch aufregen, wenn Sie immer nur impulsiv gehandelt haben und sich dadurch den Weg zum eigentlichen Ziel verbaut haben.

Sie können diese Sortierung zum Beispiel in einer Tabelle machen und damit deutlich kurzfristige und langfristige Ziele trennen. Sinnvoller ist es aber vielleicht, ein zusammenhängendes Diagramm zu erstellen, in dem Sie ein großes Ziel in die Mitte setzen und um es herum kleine Ziele aufschreiben, die Ihnen entweder helfen könnten oder die Ihnen vielleicht im Weg sind. So können Sie für mehrere große Ziele getrennte Diagramme anfertigen, und mit unterschiedlichen Farben könnten Sie trotzdem Zusammenhänge verbildlichen.

Tag 18: Affirmationen

Ihre Ziele sind gut überlegt und sortiert. Sie wissen, was Sie machen wollen, doch noch nicht endgültig, wie Sie die Umsetzung planen können. Die vielen unterschiedlichen Ziele wirken trotz Sortierung vielleicht auch erst einmal etwas erschlagend und Sie haben keine Ahnung, wie Sie alles schaffen sollen. Doch machen Sie sich keine Sorgen, denn auch dafür werden Sie in den nächsten Tagen ein paar hilfreiche Tipps zur Hand bekommen.

Heute soll es erst einmal um Affirmationen gehen. Erinnern Sie sich noch, was Affirmationen sind? Wenn nicht, ist das auch nicht schlimm, denn ich erkläre es Ihnen hier kurz noch einmal. Über die letzten Jahre und Monate haben Sie unterbewusst die unterschiedlichsten Glaubenssätze aufgebaut. Es gibt dabei ein paar positive und sicherlich einige negative Sätze. Diese Glaubenssätze rauben einem oft viel Energie und können ziemlich ausbremsend wirken. Vielleicht kennen Sie selbst Sätze, wie „Ich schaffe das eh nicht.“, „Die anderen sind viel besser.“, „Ich habe schon wieder nicht erreicht, was ich wollte...“. Affirmationen sollen diese Sätze wirksam entkräften und Ihnen helfen, positiv und vor allem selbstsicher zu bleiben. Sie sind sozusagen positive Glaubenssätze, die Sie sich jedes Mal in Erinnerung rufen können, wenn Sie gerade dabei sind, sich selbst kleinzumachen. Stellen Sie es sich ruhig vor wie Teufelchen und Engelchen, die auf Ihren Schultern sitzen und sich streiten.

Doch leider ist es oft nicht so leicht, wirksame Affirmationen zu finden, schließlich haben Sie schon viel Zeit damit verbracht, sich selbst immer weiter schlechtzureden. Wie oft haben Sie schon gedacht, dass Sie sowieso keine Chance haben, dass Sie versagt haben oder Ähnliches? Sicherlich könnten Sie die unterschiedlichen Momente gar nicht mehr aufzählen und merken selbst, wie viel Glauben Sie den negativen Sätzen geschenkt haben. Damit Sie aber eine schnelle und wirkungsvolle Methode finden, diese Sätze zu entwerten, gibt es ein paar einfache Tricks. Da diese im Buch sehr ausführlich beschrieben sind, will ich an dieser Stelle nur noch einmal kurz wiederholen, welche Dinge Sie unbedingt beachten müssen. Wenn Sie sich die Punkte noch einmal genauer durchlesen wollen, finden Sie in Kapitel 6.3 alles Wichtige dazu. Merken Sie sich, dass vor allem die Bedeutung eine wichtige Rolle spielt und dass Sie diese mit einer guten Wortwahl noch aussagekräftiger machen können. Achten Sie darauf, dass Ihre Affirmationen zu den negativen Glaubenssätzen passen und Sie nicht zu viele

Affirmationen haben. Sprechen Sie sich selbst mit Ich an und formulieren Sie die Sätze in der Gegenwart. Je öfter Sie diese Affirmationen anschließend wiederholen und in Ihren Alltag einbauen, desto mehr Wirkung können sie zeigen.

Negativer Glaubenssatz: „Ich habe wieder nicht erreicht, was ich wollte."

Affirmation: „Ich weiß, dass ich heute mehr hätte schaffen können, aber ich habe mein Bestes gegeben, und auch Pausen sind wichtig, damit ich morgen wieder mehr Energie habe."

Negativer Glaubenssatz: ______________________________

Affirmation: ______________________________

Negativer Glaubenssatz: ______________________________

Affirmation: ______________________________

Negativer Glaubenssatz: ______________________________

Affirmation: ______________________________

Negativer Glaubenssatz: ______________________________

Affirmation: ______________________________

Negativer Glaubenssatz: ______________________________

Affirmation: ______________________________

Negativer Glaubenssatz: ______________________________

Affirmation: ______________________________

Negativer Glaubenssatz: ______________________________

Affirmation: ______________________________

Tag 19: Veränderungen und Zwischenschritte

Ein paar Kleinigkeiten fehlen Ihnen noch, bis Sie Ihre Ziele erreichen können. Unter anderem haben Sie sich bis hierhin noch keine konkreten Gedanken darüber gemacht, wie Sie Ihr Ziel erreichen können. Sie wissen, was Ihre Ziele sind, Sie wissen, wie Sie sich selbst Kraft geben können, doch noch wissen Sie nicht genau, was nötig ist, um Ihr Ziel überhaupt zu erreichen. Sicherlich ist es kein Geheimnis, dass dafür ein paar Veränderungen notwendig sind. Sie wollen etwas in Ihrem Leben ändern und das können Sie nur, indem Sie auch Ihr Handeln verändern. Jedes Ziel erfordert allerdings andere Schritte und heute ist es an der Zeit, dass Sie sich genauer mit der Umsetzung beschäftigen. In vielen Fällen besteht ein Ziel eigentlich aus vielen kleinen Zielen, die Sie mit der Zeit erreichen können. Der große Wunsch wirkt meist etwas abschreckend und gibt einem den Eindruck, dass man ihn sowieso nicht erfüllen kann. Wenn Sie sich stattdessen aber mehrere kleine Zwischenziele überlegen, die Sie einfacher erreichen können, wirkt alles schon viel leichter.

Machen Sie sich heute einmal klar, an welchem Punkt Sie aktuell stehen. Was hindert Sie noch daran, Ihre Ziele zu erreichen? Welche Gewohnheiten, welche innere Einstellung oder welche Herausforderungen stehen Ihnen noch im Weg? Überlegen Sie sich, was der Unterschied zwischen Ihrer jetzigen Situation und Ihrem Ziel ist. Wenn Sie diese Dinge herausgefunden haben, können Sie darüber nachdenken, welche Zwischenziele sich daraus formulieren lassen. Meistens zeigt sich dadurch ganz automatisch, was Sie verändern müssen/wollen und wie Sie diese Veränderung erreichen können. Vielleicht wissen Sie auch schon vorher, auf welche Punkte es ankommt, aber oft ist es schwer, sich selbst einzugestehen, dass etwas geändert werden muss. Doch heute machen Sie Nagel mit Köpfen und verabschieden sich von den ständigen Ausreden. Was ist Ihr Ziel? Wo befinden Sie sich jetzt? Was müssen Sie machen, um Ihr Ziel zu erreichen?

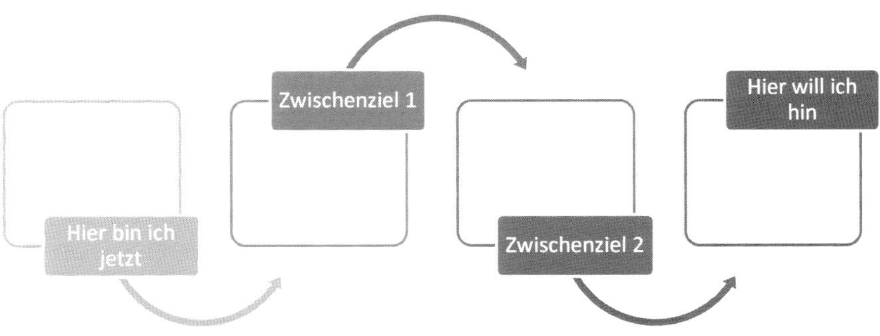

Tag 20: Die kleinen Erfolge

Heute soll es noch einmal darum gehen, wie Sie sich immer weiter motivieren können und Ihre Ziele nicht aus den Augen verlieren. Nach mehreren Tagen oder Wochen ist es schließlich nicht mehr ganz so einfach, dem Ziel zu folgen, und vor allem, wenn wenig Veränderung sichtbar wird, kann es sehr anstrengend sein. Je größer das Ziel ist, desto länger dauert es meist auch, bis Sie es erreicht haben. Leider klappt es nur selten von heute auf morgen und bestimmt haben Sie selbst auch schon oft daran gezweifelt, ob Sie Ihre Ziele überhaupt erreichen können. Doch damit soll ab heute Schluss sein, denn schon mit wenig Aufwand schaffen Sie es, auch kleine Erfolge viel besser wertzuschätzen. Ähnlich wie beim Wachstum fallen kleine Veränderungen am Anfang gar nicht auf und erst, wenn ein Kind einen Zentimeter oder zwei gewachsen ist, sieht man den Unterschied tatsächlich. Bei Ihren Zielen können Sie auch nur selten solche Zwischenschritte feststellen und erst nach mehreren Tagen oder Wochen wird der erste Erfolg sichtbar. Das heißt aber nicht, dass Sie so lange warten müssen, um das Gefühl zu haben, dass Sie etwas erreichen konnten. Schon heute können Sie damit anfangen, regelmäßig positives Feedback zu bekommen.

To-do-Listen, Wochenpläne und regelmäßige Selbstreflexion können helfen, damit Sie auch zwischendurch immer wieder sehen können, wie weit Sie schon gekommen sind. Wenn Sie sich jeden Tag ein paar kleine Ziele notieren, die Sie abstreichen, nachdem Sie sie erreicht haben, können Sie jeden Abend kleine Erfolge bemerken. Ich habe es zeitweise auch so gemacht, dass ich mehrere Tage auf ein größeres Blatt geschrieben habe, damit ich nicht nur die Veränderung von einem

Tag sehe, sondern auch verfolgen kann, was ich in einer ganzen Woche erreicht habe. Machen Sie sich einen kleinen Wochenplan oder nehmen Sie sich vor, dass Sie regelmäßig eine kurze Pause einlegen, um zu reflektieren, was Sie in letzter Zeit alles erreicht haben. Um Ihre Ziele zu erreichen, ist es nicht nur wichtig, nach vorne zu schauen, sondern auch, innezuhalten und den Weg zu sehen, den Sie bereits hinter sich gebracht haben. Starten Sie doch gleich heute damit, sich einen kleinen Plan für die nächste Woche zu machen. Schreiben Sie sich ein paar feste Ziele auf und überlegen Sie, wie Sie die Woche am besten strukturieren können.

Montag	Dienstag	Mittwoch	Donnerstag	Freitag

Tag 21: Fazit Ziele

Wahnsinn, wie schnell die Zeit vergeht! Jetzt haben Sie schon die dritte Woche geschafft und brauchen nicht mehr viel, um Ihre Selbstdisziplin endgültig zu verbessern. Auch im letzten Kapitel haben Sie wieder einiges gelernt und jetzt sind Sie sicherlich optimal vorbereitet, um jedes Ziel in Ihrem Leben verfolgen zu können. Sie wissen, wie Sie sich durch Affirmationen unterstützen können, Sie haben gelernt, wie Sie Ihre Ziele erkennen, und vor allem können Sie diese durch kleine Hilfsmittel auch sicher verfolgen. Nehmen Sie sich heute noch einmal Zeit, um kurz zu reflektieren, was Sie selbst mitgenommen haben und welche Punkte Ihrer Meinung nach am wichtigsten sind.

Was fällt Ihnen als Erstes ein, wenn Sie an die letzte Woche denken?

____

____

____

____

Welches Ziel ist Ihnen besonders in Erinnerung geblieben?

____

____

____

____

Wie werden Sie Ihre Ziele in Zukunft erreichen?

____

____

____

____

Wie werden Sie es schaffen, auch auf kleine Erfolge zu achten?

____

____

____

____

Formulieren Sie Ihr größtes Ziel noch einmal voll aus und schreiben Sie auch auf, wie Sie es erreichen können, was Sie verändern müssen und welche Zwischenschritte Sie machen können:

____

____

____

____

WOCHE 4: AUSBRUCH AUS DER KOMFORTZONE

Sicherlich haben Sie es sich in den letzten Monaten und Jahren ganz schön gemütlich in Ihrer Komfortzone gemacht. Wer wählt auch nicht lieber die einfachen Wege, um Sachen zu erledigen oder Konflikte zu lösen? Doch damit soll diese Woche Schluss sein, denn leider ist Ihre Komfortzone auch ein großes Hindernis. Wenn Sie etwas in Ihrem Leben verändern wollen, Sie auf dem Weg zu mehr Selbstdisziplin sind und Sie einige Ziele vor Augen haben, dann müssen Sie aus dieser Zone ausbrechen. Doch im Laufe der Woche werden Sie sehen, dass es eigentlich nicht so schwer ist und es Ihnen dadurch deutlich besser gehen kann. Erleben Sie, wie toll ein Leben außerhalb der Komfortzone sein kann, denn auch wenn es vielleicht anstrengender ist, es lohnt sich auf jeden Fall.

Tag 22: Die Grenzen finden

Sicherlich können Sie sich vorstellen, dass zuerst ein paar Vorbereitungen getroffen werden müssen, bevor Sie tatsächlich aus Ihrer Komfortzone ausbrechen können. Unter anderem ist es nötig, dass Sie Ihre Grenzen kennenlernen und herausfinden, wo sich Ihre Komfortzone überhaupt befindet. Genau damit beschäftigen Sie sich heute. Überlegen Sie sich alle möglichen Situationen, in denen Sie lieber einen entspannten Weg wählen, anstatt sich der Herausforderung zu stellen. Wann gibt es Momente, in denen Sie alten Gewohnheiten folgen, einfach das machen, was von Ihnen erwartet wird, oder Ähnliches? Bestimmt fallen Ihnen nach kurzem Überlegen einige solcher Momente ein. Egal, ob Sie mal wieder Ja statt Nein gesagt haben, ob Sie im Bett liegen geblieben sind, anstatt früher aufzustehen, um ein bisschen Sport zu machen, oder ob Sie sich verstellt haben, weil Sie Angst hatten, nicht akzeptiert zu werden. Ich kenne es selbst sehr gut von mir, dass ich mich an meine Routinen halte und nur das mache, was von mir erwartet wird. Doch seit ich mich aus meiner Komfortzone gewagt habe und mehr meinen eigenen Weg gehe, geht es mir schon deutlich besser.

Notieren Sie sich heute alle Momente, die Ihnen diesbezüglich einfallen. Es spielt noch keine Rolle, aus welchem Grund Sie so gehandelt haben oder warum es manchmal einfacher ist, den bekannten Weg zu gehen. Heute sollen Sie lediglich eine kleine Stoffsammlung anfertigen, um an den nächsten Tagen weiter damit arbeiten zu können. Denken Sie dabei aber auch daran, dass es unterschiedliche Komfortzonen gibt und dass Sie sicherlich in Ihrer Arbeit, zu Hause mit der Familie oder im Kontakt mit Bekannten unterschiedliche Grenzen ziehen. Sortieren Sie diese Grenzen am besten schon beim Aufschreiben in Gruppen, denn für die verschiedenen Gruppen gibt es auch jeweils andere Lösungsmöglichkeiten.

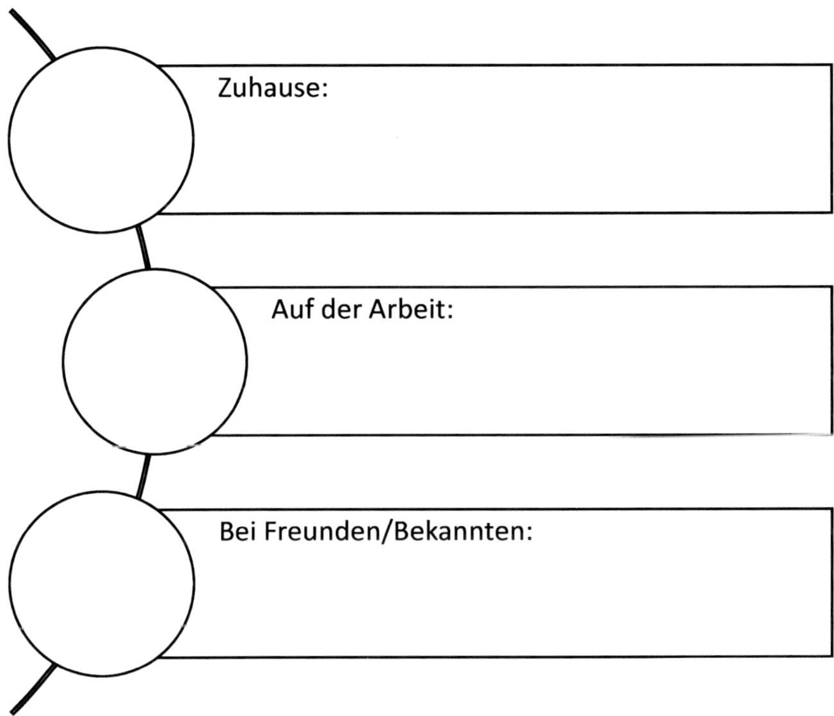

Tag 23: Alternativen überlegen

Nachdem Sie sich gestern nun einmal grob damit auseinandergesetzt haben, wie Ihre Komfortzone überhaupt aussieht, können Sie sich heute Zeit nehmen, um sie genauer einzuteilen. Es ist schließlich nicht nur wichtig, dass Sie Ihre Grenzen kennen, sondern auch, dass Sie verstehen, warum es diese gibt. Meistens gibt es einen Grund dafür, dass man lieber den einfacheren Weg wählt, anstatt sich den Kopf zu zerbrechen und viel Energie aufzuwenden. Nehmen Sie sich heute jede einzelne Ihrer Grenzen vor, um Alternativen zu finden. Überlegen Sie sich, wovor Sie vielleicht weglaufen, und suchen Sie nach Vor- und Nachteilen. Wenn es zum Beispiel darum geht, dass Sie lieber den Abend auf dem Sofa verbringen, anstatt Sport zu machen oder sich mit Freunden zu treffen, können Sie überlegen, was für den aktuellen Weg spricht und was für die Veränderung spricht. Natürlich ist es auf dem Sofa deutlich gemütlicher und nach einem anstrengenden Tag darf so ein Abend auch mal sein, doch wie würde es Ihnen gehen, wenn Sie erst noch eine halbe Stunde Sport machen? Nebenbei können Sie trotzdem eine Serie anschauen, einen Podcast anhören oder Ähnliches. Sie müssen deswegen auch nicht auf den entspannten Abend auf dem Sofa verzichten, Sie schieben ihn lediglich ein bisschen nach hinten. Oft sind die einfachen Wege schon so zur Routine geworden, dass wir ganz vergessen, dass es eigentlich auch noch andere Optionen gibt. Nachdem Sie diese Alternativen heute gefunden und zu jeder Möglichkeit Vor- und Nachteile gesammelt haben, werden Sie in Zukunft sicher auch einmal den neuen Weg einschlagen.

EINFACHER WEG:

ALTERNATIVE:

VORTEILE:	**Nachteile:**

EINFACHER WEG:

ALTERNATIVE:

VORTEILE:	**Nachteile:**

EINFACHER WEG:

ALTERNATIVE:

VORTEILE:	**Nachteile:**

EINFACHER WEG:

ALTERNATIVE:

VORTEILE:	**Nachteile:**

EINFACHER WEG:

ALTERNATIVE:

VORTEILE:	**Nachteile:**

Tag 24: Veränderungen im Alltag

Schon bei Ihren Überlegungen dürfte Ihnen aufgefallen sein, dass es nicht immer einfach ist, sich aus der Komfortzone zu befreien. Oft entspricht diese Zone der Routine und wir sind es zu sehr gewohnt, alten Mustern zu folgen. Aus diesem Grund ist es auch meist leichter, erst kleine Dinge im Alltag zu verändern, bevor Sie sich tatsächlich aus Ihrer Komfortzone wagen. Schließlich neigen wir alle dazu, auch im Alltag in Routinen zu verfallen und viele Dinge wie ein Roboter abzuspielen.

Überlegen Sie sich einmal Ihren Weg zur Arbeit. Ich bin mir ziemlich sicher, dass dieser eigentlich jeden Tag gleich aussieht. Sie nehmen immer dasselbe Verkehrsmittel, Sie fahren immer dieselbe Route und meist sind Sie wahrscheinlich auch zur selben Zeit unterwegs. Vielleicht wissen Sie schon, an welchen Ampeln Sie warten müssen oder welche Nachbarn Sie auf Ihrem Weg treffen. Doch wie wäre es, wenn Sie sich heute mal für einen anderen Weg entscheiden? Bestimmt gibt es nicht nur einen Weg, den Sie zur Arbeit nehmen können. Vielleicht bietet es sich auch einmal an, mit dem Fahrrad zu fahren oder den Bus zu nehmen. Durch solche kleinen Veränderungen können Sie sich langsam daran gewöhnen, auch bei wichtigeren Dingen einen anderen Weg einzuschlagen. Auch bei Ihrem Tagesablauf, Ihrer Essenswahl oder Ihrer Arbeitszeit können Sie kleine Veränderungen einbauen, um zu lernen, dass Ihre Routine nicht die einzige Option ist.

Starten Sie gleich damit, solche möglichen Veränderungen zu finden und in Ihre Woche einzuplanen. Dabei sollen Sie auch schon heute eine Routine beiseitelegen und einen anderen Weg gehen, denn je früher Sie anfangen, desto schneller gewöhnen Sie sich an die Umstellung. Wenn Sie jeden Tag ein bisschen was verändern, werden Sie merken, dass es nicht so schlimm ist wie befürchtet. Und falls Ihnen die Veränderung nicht gefällt, können Sie am nächsten Tag einfach wieder etwas anderes ausprobieren. Macht es das Leben nicht auch viel interessanter, wenn Sie ein paar Abwechslungen einbauen?

Tag 25: Entscheidungen treffen

Die letzten Tage hatten alle etwas damit zu tun, dass Sie viel über Ihr Handeln nachdenken. Sie sollten sich Gedanken darüber machen, was Ihre Komfortzone ausmacht, welche Vorteile Veränderungen bringen könnten und wie Sie aus kleinen Routinen ausbrechen können. Doch Denken ist nicht der einzige Schlüssel zum Glück, denn manchmal geht es auch darum, schnelle Entscheidungen zu treffen.

Vielleicht geht es Ihnen diesbezüglich ähnlich wie mir und Sie finden es schrecklich, wenn Sie schnelle Entscheidungen treffen müssen. Ich finde das immer ganz schlimm, wenn ich dann auch noch unter Zeitdruck stehe und Angst habe, etwas Falsches zu entscheiden. Aber gibt es überhaupt immer ein Richtig oder

Falsch? In den meisten Fällen ist die Entscheidung eigentlich noch nichts Endgültiges und wenn Sie im Nachhinein feststellen, dass Sie doch lieber etwas anderes wollen, können Sie sich noch umentscheiden. Selbst wenn diese Möglichkeit nicht besteht, können Sie für die Zukunft daraus lernen und Sie wissen, dass Sie sich das nächste Mal auf jeden Fall anders entscheiden werden. Messen Sie den einzelnen Entscheidungen nicht so viel Bedeutung bei, sondern überlegen Sie sich kurz, wie wichtig diese Wahl für Ihr späteres Leben ist. Ich habe mir früher immer viel zu viele Gedanken um Kleinigkeiten gemacht, die eigentlich überhaupt keine Rolle spielen.

Welches Top ziehe ich an? Will ich mich heute mit einem Freund treffen oder nicht? Lerne ich heute noch etwas? Bei den meisten Entscheidungen muss nur ich selbst die Konsequenzen tragen und eigentlich geht es nicht immer nur darum, was ich lieber will, sondern auch darum, ob ich mit den Konsequenzen leben kann. Wenn ich heute nicht mehr lerne, muss ich dafür morgen mehr machen oder bestehe vielleicht die Prüfung nicht. Dafür habe ich aber heute einen entspannten Tag und kann etwas mit Freunden machen. Oft ist es ein einfaches Abwägen zwischen Vor- und Nachteilen und schon Ihr Bauchgefühl kann Ihnen bei der Entscheidung helfen.

Zusätzlich gibt es auch einen kleinen Trick mit einer Münze. Sicherlich haben Sie schon öfter ein Geldstück geworfen, um Entscheidungen zu treffen. Auch wenn es dabei nur um kleine Dinge ging, schon während die Münze in der Luft ist, hoffen Sie auf ein bestimmtes Ergebnis. Selbst wenn Sie eigentlich noch total unentschlossen sind, hat sich Ihr Unterbewusstsein schon für einen Weg entschieden. Probieren Sie es das nächste Mal einfach aus, wenn Sie wieder vor einer Entscheidung stehen. Ich war selbst überrascht, wie oft mir der Münzwurf schon geholfen hat.

Aber natürlich sollen Sie heute auch noch selbst aktiver werden und lernen, schneller Entscheidungen zu treffen. Immer, wenn Sie sich heute unsicher sind und Sie zwischen zwei oder mehreren Möglichkeiten schwanken, nehmen Sie sich genau drei Minuten Zeit. Gehen Sie kurz durch, welche Vor- und Nachteile es gibt, und entscheiden Sie sich fest für eine Lösung. Nach dieser Zeit ändern Sie Ihre Entscheidung nicht mehr, sondern akzeptieren sie und lernen, mit den Konsequenzen umzugehen. So bemerken Sie vielleicht auch, dass es nicht immer nur ein Richtig oder Falsch gibt, sondern dass auch Zwischenwege zur Auswahl stehen. Zerbrechen Sie sich nicht unnötig lange den Kopf, denn auch nach mehreren Stunden werden Sie nicht zu einer besseren Entscheidung kommen. Leben Sie lieber Ihr Leben und genießen Sie die Zeit, in der Sie nicht immer über alles nachdenken müssen! Auf dieser Seite haben Sie noch ein bisschen Platz, um Ihre Gedanken zu strukturieren und Entscheidungen zu notieren, die in der nächsten Zeit anstehen. Vielleicht müssen Sie auch ein paar wichtigere Alternativen gegeneinander abwägen und brauchen etwas Platz zum Denken. Notieren Sie sich die unterschiedlichen Möglichkeiten, die Vorteile und Punkte, die dagegensprechen. Treffen Sie eine Entscheidung und bleiben Sie auch dabei, denn sobald Sie eine Alternative gewählt haben, sollten Sie diese auch tatsächlich nehmen.

Tag 26: Neue Komfortzonen?!

Jetzt haben Sie die ganzen letzten Tage gelernt, dass Sie aus Ihrer Komfortzone ausbrechen sollen, und auf einmal geht es darum, eine neue aufzubauen?! Ich kann verstehen, wenn Sie das erst einmal überrascht, doch der Hintergrund ist schnell erklärt. Wenn Sie sich kurz überlegen, wie Sie sich in Ihrer aktuellen Komfortzone fühlen, fallen Ihnen sicher Dinge ein wie „sicher, ausgeglichen, sorgenfrei …“ Diese Gefühle wollen Sie bestimmt auch nicht verlieren, wenn Sie sich auf einen neuen Weg begeben. Vollkommen zurecht! Warum sollten Sie auch etwas aufgeben, womit Sie sich so wohl fühlen?

Doch Ihre aktuelle Komfortzone bringt Sie offenbar nicht richtig weiter und Sie haben Schwierigkeiten, selbstdiszipliniert und motiviert zu bleiben. Es muss also eine andere Lösung geben, wie Sie sich weiterentwickeln können, ohne Ihre Komfortzone vollkommen hinter sich zu lassen. Eine neue Komfortzone steht auf dem Plan! Im Laufe der letzten Wochen haben Sie sich mit Ihren Zielen auseinandergesetzt und inzwischen wissen Sie, welche Verhaltensmuster Sie im Alltag anwenden. Aus diesen beiden Anteilen können Sie heute eine neue Komfortzone aufbauen. Sie wissen, was Sie ändern wollen/müssen und auch, wie Sie diese Veränderungen erreichen.

Wenn Sie daraus nun neue Routinen machen, indem Sie zum Beispiel fest einplanen, dass Sie viermal die Woche zum Sport gehen, sich jeden Tag eine halbe Stunde Zeit nur für sich nehmen oder mehr auf Ihr Bauchgefühl hören, können so nach und nach neue Routinen entstehen. Natürlich klappt das nicht von heute auf morgen, denn Sie werden sicherlich noch oft in Ihre alten Routinen verfallen. Ich kann Ihnen aber versprechen, dass es jeden Tag einfacher wird und Sie im Laufe der nächsten Wochen so eine ganz neue Komfortzone kreieren können, die sich positiv auf Ihr Leben auswirkt.

Notieren Sie sich dafür heute noch einmal alte Routinen und überlegen Sie, durch welche neuen Sie diese ersetzen können. Schreiben Sie sich vielleicht auch gleich einen Wochenplan, damit Sie nicht aus alter Gewohnheit vergessen, diese Dinge wirklich umzusetzen. Egal, was Ihnen hilft, die neue Komfortzone zu bauen, nutzen Sie die möglichen Hilfsmittel und kommen Sie damit schneller zum Ziel.

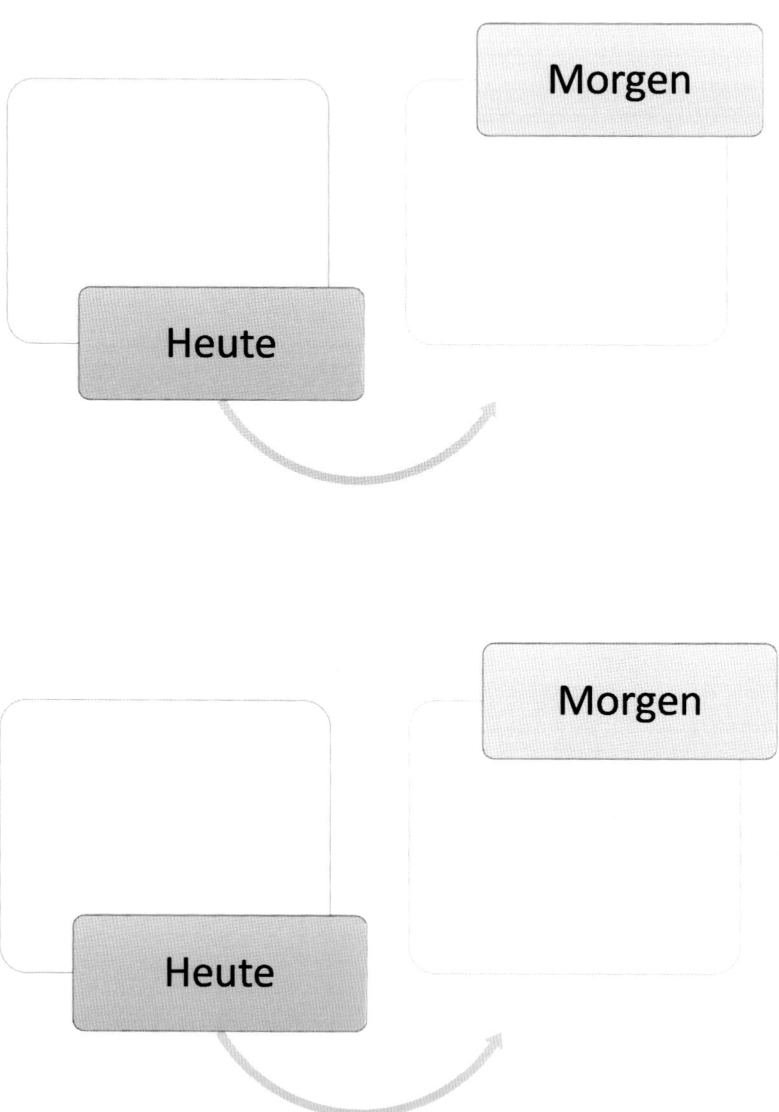
Morgen
Heute
Morgen
Heute

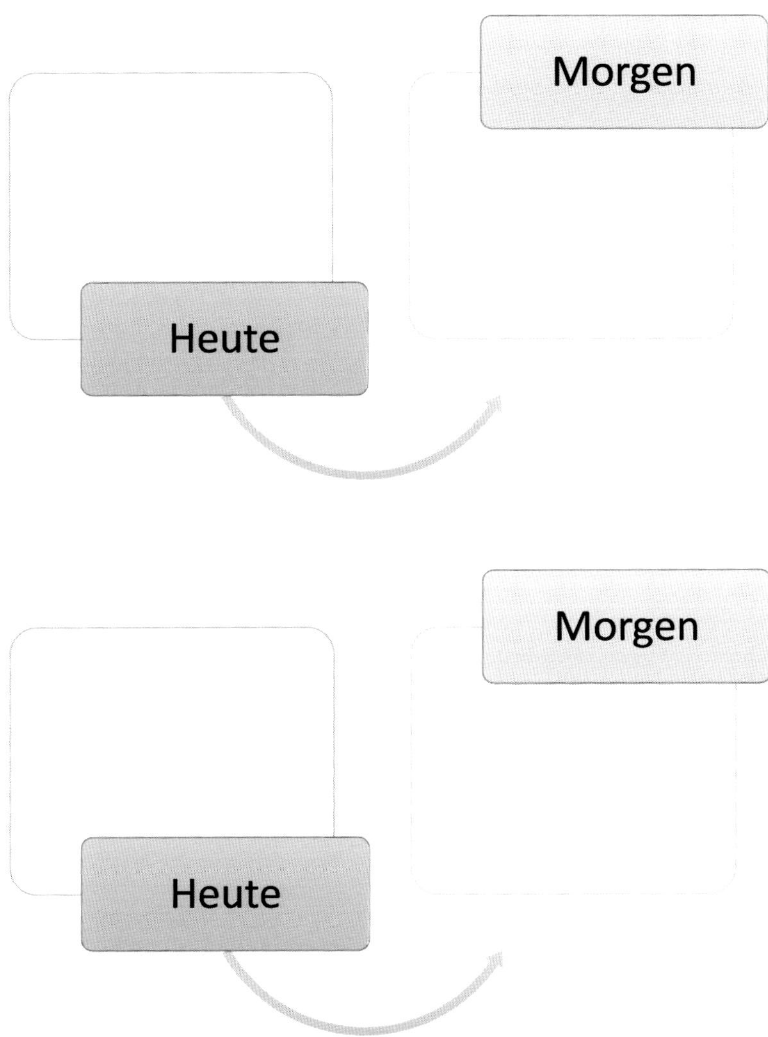

Tag 27: Ihr Leben, Ihre Entscheidungen!

Heute steht nicht mehr viel Arbeit an, Sie haben inzwischen so viel gelernt und sicherlich wird es Ihnen damit deutlich leichter fallen, selbstdiszipliniert zu bleiben. Nun soll es aber noch einmal kurz darum gehen, für wen Sie das eigentlich alles machen. Leben Sie wirklich Ihr Leben? Befinden Sie sich in Ihrer Komfortzone? Oder ist es vielleicht doch das Leben von jemand anderem? Natürlich lässt sich das nicht in allen Bereichen so leicht voneinander trennen, doch trotzdem gibt es viele Dinge, an denen Sie Unterschiede merken können. Eine große Rolle spielt hierbei der Faktor Spaß und Freude. Wenn Sie das, was Sie machen, gerne machen, dann können Sie in Zukunft auch problemlos weiter damit fortfahren.

Merken Sie stattdessen allerdings, dass es einige Dinge gibt, die Ihnen viel Kraft rauben und nur wenig Freude bereiten, sollten Sie das „Warum" noch einmal mehr hinterfragen. Schon in der Woche, in der Sie sich mit Ihren Zielen beschäftigt haben, wurde dieses Thema angeschnitten, da es aber wirklich wichtig ist, will ich es hier noch einmal aufgreifen. Es ist schließlich Ihr Leben und nur Sie sollten darüber entscheiden, was Sie wollen und was nicht. Selbstverständlich gibt es ein paar Regeln, an die Sie sich halten müssen, und Geld verdienen, Miete zahlen und Ähnliches gehört nun mal dazu. Aber es gibt viele Möglichkeiten, wie Sie all das tun und trotzdem Spaß daran haben können.

Machen Sie sich heute noch einmal einen gemütlichen Nachmittag, nehmen Sie sich einen Zettel und einen Stift und schreiben Sie auf, was Ihr Leben ausmacht. Überlegen Sie sich, was von anderen Personen an Sie herangetragen wird. Notieren Sie sich, wie unterschiedlich oder ähnlich sich die Ansichten sind, und treffen Sie Entscheidungen für IHR Leben. Wollen Sie so weitermachen oder wollen Sie etwas ändern und selbstbestimmter leben?

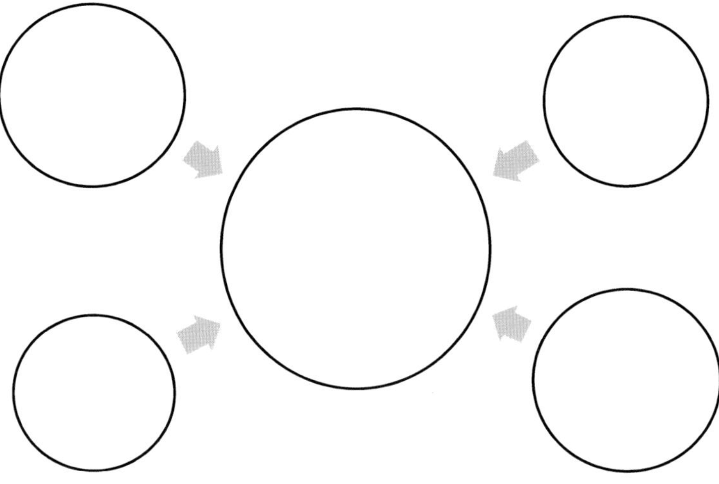

Tag 28: Fazit Komfortzone

Vier Wochen sind vergangen und in dieser Zeit haben Sie wirklich viel erlebt. Es ist überraschend, wie viel sich in so kurzer Zeit verändern kann, und sicherlich werden Sie auch in den nächsten Wochen immer wieder auf das Workbook zurückgreifen. Bevor Sie nun aber ab morgen in ein neues Leben starten, können Sie heute noch einmal die wichtigsten Dinge der letzten Woche reflektieren. Auch in der vierten Woche gab es wieder viele neue Punkte, die Ihnen helfen können, Ihr Leben zu verändern. Sie haben gelernt, wie Ihre Komfortzone aussieht und wie Sie diese verändern können. Sie wissen jetzt, wie Sie Entscheidungen besser und schneller treffen können. Und nicht zu vergessen, Sie haben noch einmal ganz genau überlegt, ob es Ihr Leben ist, das Sie führen, oder ob Sie die Erwartungen von anderen erfüllen. Notieren Sie sich hier noch einmal die wichtigen Dinge, die Sie in der letzten Woche mitgenommen haben, um auch für die nächsten Wochen einen kleinen Spickzettel zur Hand zu haben.

Was fällt Ihnen als Erstes ein, wenn Sie an die letzte Woche denken?

Welche Faktoren beeinflussen Ihre aktuelle Komfortzone besonders?

Wie werden Sie diese in den nächsten Wochen verändern?

Was nehmen Sie sich vor, um Ihre eigenen Entscheidungen zu treffen?

Schreiben Sie in einem Satz noch einmal kraftvoll auf, was Sie an Ihrer Komfortzone verändern wollen und wie Sie diese Veränderung in Zukunft besser schaffen können:

____

____

____

____

Wir danken Ihnen für Ihr Interesse und Ihr Vertrauen. Als Dankeschön dafür, haben wir eine besondere Überraschung. Wir haben einen **ultimativen Guide, um ein „neuer" Mensch zu werden - Inklusive 30 Tage Challenge, um alte Gewohnheiten abzulegen.** Und diesen erhalten Sie vollkommen kostenlos. Das klingt wunderbar? Dann warten Sie nicht lange und holen Sie sich Ihr Gratis-Geschenk.

Hier geht es zu Ihrem Gratis-Geschenk:

https://forms.gle/mocvT7uQ4qLRyAta8

1. **Öffnen Sie die Kamera-App auf Ihrem Smartphone und richten Sie die Kamera auf den QR-Code.**
2. **Klicken Sie auf den Link, der Ihnen angezeigt wird und schon werden Sie zur Website weitergeleitet.**

Impressum

Herausgeber: Pegoa Global Media GmbH / Am Sandtorkai 27 / 20457 Hamburg
Kontakt: kontakt@pegoamedia.de
Coverbild: Shutterstock

Haftungsausschluss:
Die Nutzung dieses Buches und die Umsetzung der enthaltenen Informationen, Anleitungen und Strategien erfolgt auf eigenes Risiko. Der Autor kann für etwaige Schäden jeglicher Art aus keinem Rechtsgrund eine Haftung übernehmen. Haftungsansprüche gegen den Autor für Schäden materieller oder ideeller Art, die durch die Nutzung oder Nichtnutzung der Informationen bzw. durch die Nutzung fehlerhafter und/oder unvollständiger Informationen verursacht wurden, sind grundsätzlich ausgeschlossen. Rechts- und Schadenersatzansprüche sind daher ausgeschlossen. Dieses Werk wurde sorgfältig erarbeitet und niedergeschrieben. Der Autor übernimmt jedoch keinerlei Gewähr für die Aktualität, Vollständigkeit und Qualität der Informationen. Druckfehler und Falschinformationen können nicht vollständig ausgeschlossen werden. Es kann keine juristische Verantwortung sowie Haftung in irgendeiner Form für fehlerhafte Angaben vom Autor übernommen werden. Die bereitgestellten Analysen, Vorschläge, Ideen, Meinungen, Kommentare und Texte sind ausschließlich zur Information bestimmt und können ein individuelles Beratungsgespräch nicht ersetzen. Alle Informationen dieses Buches entsprechen dem Kenntnisstand zum Zeitpunkt des Verfassens dieses Buches. Eine Haftung für mittelbare und unmittelbare Folgen aus den Informationen dieses Buches ist somit ausgeschlossen.
Informieren Sie sich weitläufig aus unterschiedlichen Quellen und bedenken Sie, dass am Ende nur Sie für die Entscheidungen verantwortlich sind.

Haftung für externe Links:
Unser Angebot enthält Links zu externen Websites Dritter, auf deren Inhalte wir keinen Einfluss haben. Deshalb können wir für diese fremden Inhalte auch keine Gewähr übernehmen. Für die Inhalte der verlinkten Seiten ist stets der jeweilige Anbieter oder Betreiber der Seiten verantwortlich. Die verlinkten Seiten wurden zum Zeitpunkt der Verlinkung auf mögliche Rechtsverstöße überprüft. Rechtswidrige Inhalte waren zum Zeit-punkt der Verlinkung nicht erkennbar.